978-3-8310-3548-9

978-3-8310-3397-3

978-3-8310-3549-6

978-3-8310-3399-7

…98-0

978-3-8310-3550-2

978-3-8310-3681-3

978-3-8310-3400-0

978-3-8310-3401-7

978-3-8310-3402-4

978-3-8310-3403-1

978-3-8310-3404-8

978-3-8310-3810-7

978-3-8310-3405-5

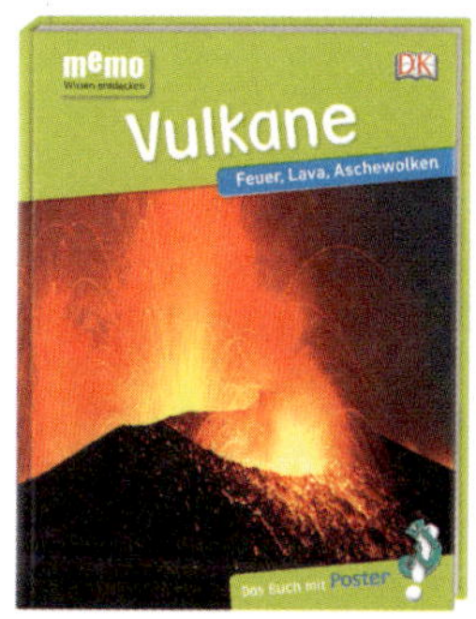

978-3-8310-3406-2

978-3-8310-3407-9

978-3-8310-3408-6

978-3-8310-3551-9

978-3-8310-3552-6

978-3-8310-3409-3

978-3-8310-3682-0

Jeweils 72 Seiten

Mit Doppelposter

Ab 8 Jahren

€ 9,95 [D] / € 10,30 [A]

memo
Wissen entdecken

Spione

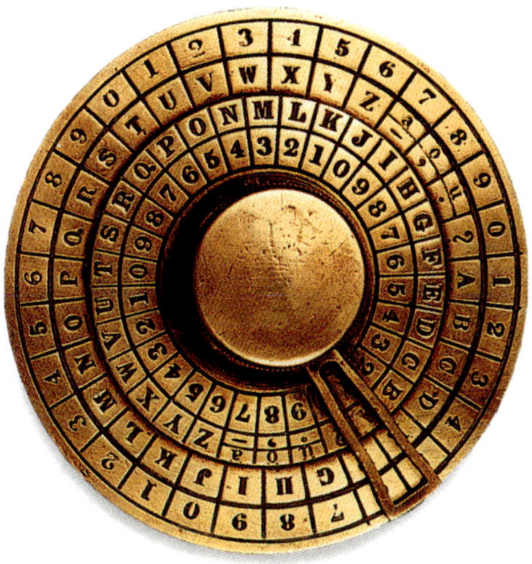

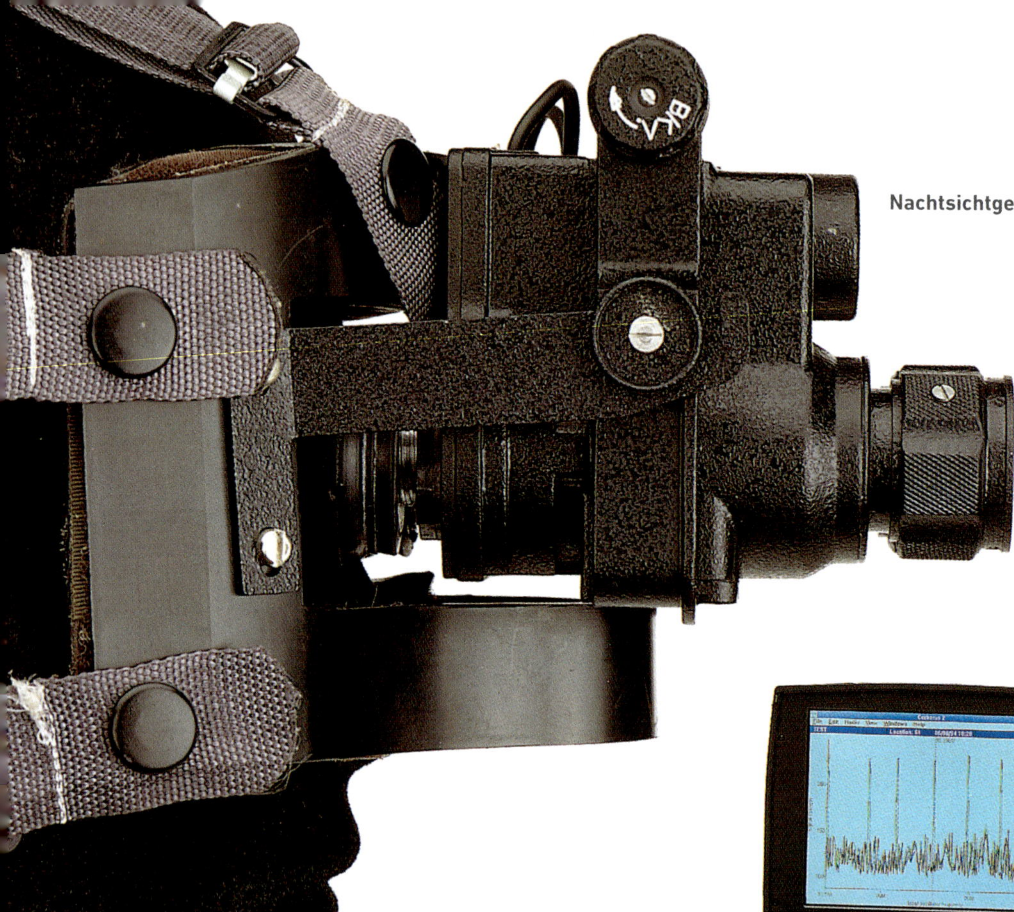

Nachtsichtgerät

Tragbarer Sender

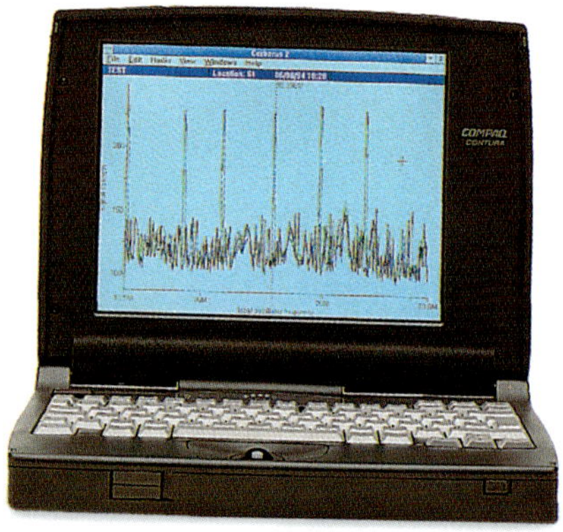

Das Kurvenmuster auf dem Laptop-Schirm weist auf eine Wanze in einem Gebäude hin.

Sprengmittelpackung für Spione im Hinterland im Falle eines Dritten Weltkriegs (Seitenansicht)

James Bonds Harpunenpistole aus *GoldenEye*

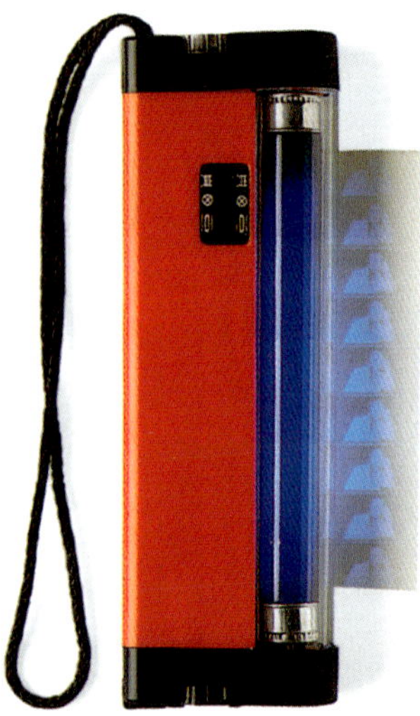

Ultraviolett-Lampe und Antiwanzen-Siegel

Fußabdrücke von Gummisohlen britischer Agenten, um ihre Landung an einem Strand zu verschleiern

Konservenbüchse zum Schmuggeln von Karten und Kompassen (Erster Weltkrieg)

memo
Wissen entdecken

Unsichtbare Tinte mit Schwamm

Spione

Codes, Agenten, Lauschangriff

Solche Gummisohlen schnallten Agenten der britischen SOE unter ihre Stiefel, um Landungen an Stränden oder in Wüsten zu tarnen.

In einem Gummiabsatz verborgene Nachricht (Zweiter Weltkrieg)

Lederabsatz mit Geheimfach (Zweiter Weltkrieg)

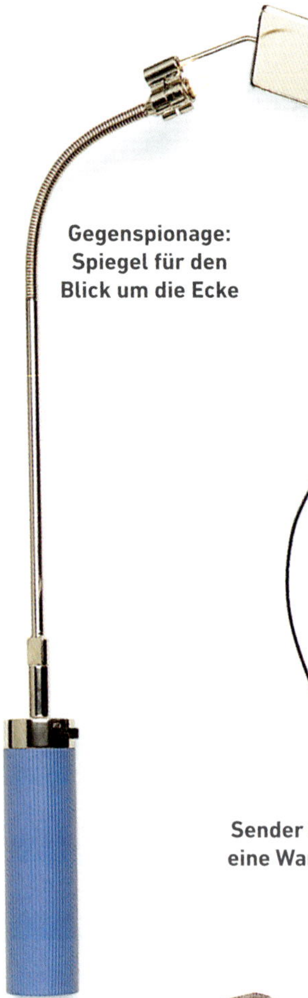

Gegenspionage: Spiegel für den Blick um die Ecke

Sender für eine Wanze

Diese Puppe fertigte die Agentin Odette Sansom im Zweiten Weltkrieg im Gefängnis von Fresnes (Frankreich) an.

DK | Penguin Random House

Text Richard Platt
Fachliche Beratung H. Keith Melton

Lektorat Gillian Denton, Camilla Hallinan, Miranda Smith, Jayne Miller, Steve Setford, Julie Ferris, Andrew Macintyre
Gestaltung und Bildredaktion Kati Poynor, Julia Harris, Edward Kinsey, Peter Radcliffe, Owen Peyton Jones, Jo Walton, Sarah Moule, Myriam Mégharbi, Martin Wilson
Herstellung Charlotte Traill, Laragh Kedwell, Man Fai Lau, Pip Tinsley
Fotos Geoff Dann, Steve Gorton

Für die deutsche Ausgabe:
Programmleitung Monika Schlitzer
Redaktionsleitung Martina Glöde
Projektbetreuung Susanne Menten
Herstellungsleitung Dorothee Whittaker
Herstellungskoordination Ksenia Lebedeva, Bettina Bähnsch
Herstellung, Cover- und Postergestaltung Sabine Hüttenkofer, Jenny Kolbe, Stefanie Staat
Idee und Illustration Chamäleon blatteins, Andreas Mack

Titel der englischen Originalausgabe:
Eyewitness Spy

Übersetzung Margot Wilhelmi, Dr. Michael Schmidt
Lektorat Ulrike Goldstein
Satz Roman Bold & Black

ISBN 978-3-8310-3810-7

Druck und Bindung RR Donnelley, China

MIX Papier aus verantwortungsvollen Quellen FSC® C144853

www.dorlingkindersley.de

Seidentuch mit Frankreichkarte für einen Agenten im Krieg

Kleiner Handsender (Wanze)

Streichholzschachtel für SOE-Agenten

Inhalt

Was ist ein Spion? 6
Wer wird Spion? 8
Der Agentenkoffer 10
Beschattung 12
Lauschangriff 14
Luftpost 18
Tiere als Spione 20
Geheimbotschaften 22
Codes und Schlüssel 24
Codeknacker 26
Versteckspiel 28
Spione im Krieg 30
Ein zweites Leben 32
Doppelagenten 34
Geheimwaffen 36
Der Kalte Krieg 38
Dunkle Mächte 40
Geheimdienste 42
Überwachung 44
Wirtschaftsspionage 46
Spionageabwehr 48
Agentenfallen 50
Spionage ohne Spione 52
Spionage heute 54
Überwachung im Alltag 56
Berühmte Spione 58
Spionagegeschichten 60
Spione sind überall 62
Galerie der Topspione 64
Chronik 66
Neugierig geworden? 68
Glossar 70
Register 72

Hallo, ich bin Lexi!

Lass uns gemeinsam dein Lieblingsthema entdecken. Folge mir durchs Buch, denn ich hab dir ganz viel zu erzählen. Schau mal, ob du mich findest!

Was ist ein Spion?

Spione gibt es, seit Menschen um Land und Reichtümer kämpfen. Sie zählten feindliche Krieger oder kundschafteten Angriffspläne aus. Bei Erfolg kehrten sie als Helden zurück. Gefangennahme aber bedeutete meist den Tod. Zu allen Zeiten beschäftigten Militär, Regierungen und Geschäftsleute Spione, die geheime Informationen ihrer Gegner ausspähten. Auch heute leben Spione gefährlich. Einige gelangen durch Einbrüche an Informationen, andere erfahren Geheimnisse, weil Menschen ihnen vertrauen. Manche spionieren für Geld und manche, weil sie das politische System eines anderen Lands unterstützen wollen.

Rahab markierte ihr Fenster mit einer purpurroten Schnur.

Josua sieht zu, wie die Mauern von Jericho einstürzen.

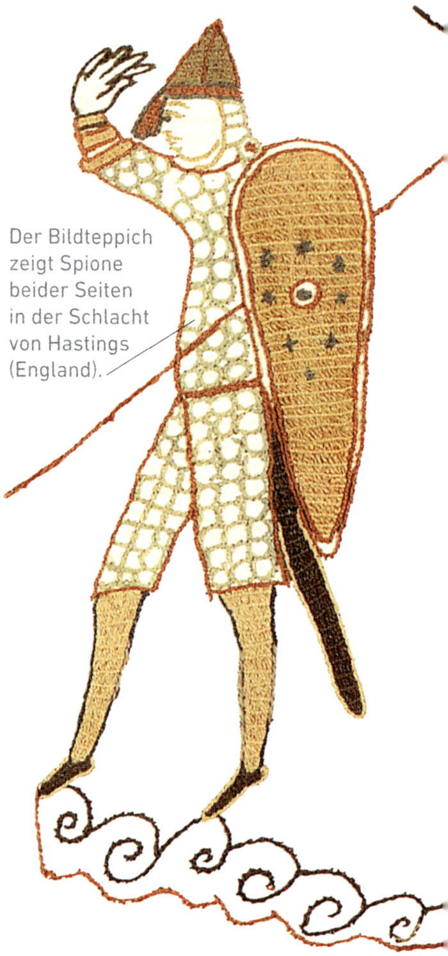

Der Bildteppich zeigt Spione beider Seiten in der Schlacht von Hastings (England).

↑Biblische Spione→

Bei der Belagerung der Stadt Jericho schickte Josua, der Anführer der angreifenden Israeliten, zwei Kundschafter in die Stadt. Die Dirne Rahab versteckte die beiden. Als Josuas Krieger die Stadt einnahmen, verschonten sie das Leben von Rahab und ihrer Familie.

←Spionage in Ägypten

Nach dem Tod Tutanchamuns im Jahr 1327 v. Chr. bat seine Witwe den Hethiterkönig, ihr einen seiner Söhne als Gemahl zu schicken. Der König ließ die Sache von einem Spion prüfen. Der Sohn, den er dann schickte, starb jedoch unterwegs.

↑ Alexander der Große

Der Makedonenkönig (356–323 v. Chr.) ließ die Truppenbewegungen des Feindes und die günstigste Marschroute für sein Heer von Spionen auskundschaften. Geheime Nachrichten wurden auf schmale, um einen Stab gewickelte Streifen geschrieben. Sie waren nur lesbar, wenn man den Streifen wieder um einen passenden Stab wickelte.

Die Mongolen →

Dschingis Khan (1162–1227) rekrutierte bei seinem Eroberungszug durch Asien seine Spione aus den jeweiligen Völkern. So konnten die Kundschafter unerkannt Informationen sammeln. Zur Übermittlung der Nachrichten setzte er Reiter ein, die 10-mal so schnell ritten, wie eine Armee marschierte.

Im Osten erstreckte sich das mongolische Weltreich bis zum Pazifik.

← Unauffällig

Einige der berühmtesten Spione der Geschichte waren Frauen. Im Krieg waren fast alle jungen Männer Soldaten, sodass ein Mann in Zivil aufgefallen wäre. Hier fotografiert eine niederländische Spionin im Zweiten Weltkrieg mit versteckter Kamera.

Der Teppich von Bayeux ist ein 70 m langer bestickter Leinenfries.

← Spione im Mittelalter

Der Teppich von Bayeux dokumentiert, wie die Armee Wilhelms des Eroberers (1028–1087) im Jahr 1066 von der Normandie (Frankreich) aus England eroberte. Englische Spione berichteten, dass sie Tausende von glatt rasierten, kurzhaarigen Männern gesehen hätten. Da zu jener Zeit nur Priester rasiert waren, erkannten die Spione nicht, dass sie eine riesige Armee von Kriegern gesehen hatten.

Agent 007 →

James Bond ist der Held in über 20 Filmen, die auf den Romanen des englischen Autors Ian Fleming (1908–1964) basieren. Vor seiner Karriere als Schriftsteller war Fleming selbst Agent. Den Alltag der Spione zeigen aber weder die Bond-Bücher noch die Filme. Einige von Flemings eigenen Unternehmungen waren allerdings ebenso gewagt wie die des erfundenen Agenten 007.

Daniel Craig als James Bond

Wer wird Spion?

Die Gründe aus denen Menschen Spionage betreiben, sind vielfältig. Einige lockt das Geld, andere handeln aus Überzeugung. Wieder andere werden erpresst, und schließlich spionieren viele, weil sie sich dadurch wichtig fühlen. Manche Spione werden in ihre Zielorganisation eingeschleust. Manchmal ist es allerdings leichter, eine schon in einer solchen Organisation arbeitende Person anzuwerben, denn sie hat bereits den Zugang zu Geheimnissen.

↑ Troubadour
Die Minnesänger des Mittelalters wanderten von Burg zu Burg. Einige lauschten dem Hofklatsch und erzählten die Neuigkeiten woanders weiter.

↑ Vorsicht!
Dieses Plakat aus dem Zweiten Weltkrieg warnte die Briten vor Klatsch über Angehörige in der Armee. Spione im Bus hätten die Unterhaltung verfolgen und Einzelheiten über Truppenbewegungen an den Feind verraten können.

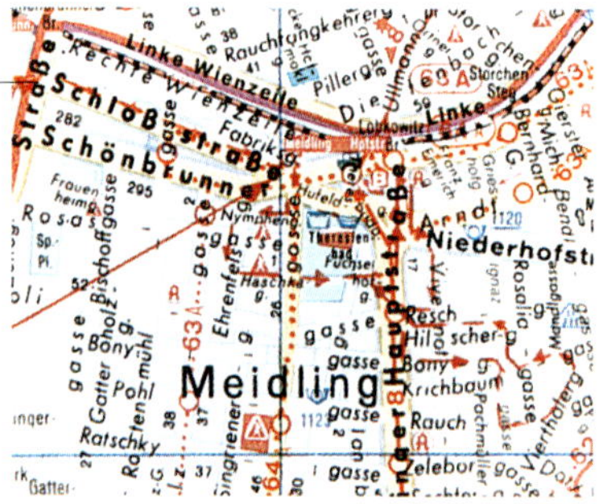

Walker streifte durch die Straßen von Wien und Sowjetagenten kontrollierten, ob er verfolgt wurde.

Dieses Gebäude (Karte: roter Pfeil) wird in der Anweisung für einen Wien-Aufenthalt 1978 erwähnt.

↑ Ein Amerikaner in Wien
John Walker verkaufte 17 Jahre lang Informationen über die US-Marine an die Sowjetunion. Die Geheimtreffen fanden in Wien statt.

In der Falle →
Maurice Dejean, französischer Botschafter in Moskau, stellte unwissentlich Spione als Hauspersonal ein. Dieser Fehler zerstörte seine Karriere.

Diese vornehm gekleideten Diplomaten sind Bojaren – russische Adlige.

Ganz nebenbei→

Seit biblischen Zeiten halten Kaufleute auf ihren Reisen Augen und Ohren offen. Diese beiden werden zu Hause Neuigkeiten aus Kanaan berichten.

Der Irak konstruierte eine Superkanone, um Hunderte von Kilometern entfernte Ziele zu beschießen.

←Waffengeschäfte

Der britische Geheimdienst ermutigte in den 1980er-Jahren Firmen, Waffen an den Irak zu verkaufen. Die Exporteure kamen mit wichtigen Erkenntnissen zurück. Vergeblich versuchte die britische Regierung später zu leugnen, dass sie den Export, der gegen ein Waffenembargo verstieß, genehmigt hatte.

↑Ein Maulwurf in der CIA

Feindliche Agenten im Geheimdienst nennt man „Maulwürfe". Larry Wu Tai Chin arbeitete 35 Jahre lang für die CIA (Central Intelligence Agency), eigentlich aber als Maulwurf für China.

Agenten am Hof↓

Die meisten Spione arbeiten illegal. Früher gehörten v. a. Kaufleute (wie auf diesem Holzschnitt) zu dieser Gruppe. Diplomaten dagegen vertreten ihr Land im Ausland und dürfen spionieren. Wenn sie ertappt werden, schützt sie ihr Diplomatenstatus. Allerdings arbeiten die meisten nicht als Spione, sondern als Führungsoffiziere: Sie werben Agenten an und führen sie.

Diplomaten und Kaufleute am Hof des österreichischen Erzherzogs Maximilian II. (16. Jh.)

Der Agentenkoffer

Spione aller Geheimdienste verlassen sich auf Geheimwaffen und Spezialwerkzeuge. Mit ihrer Hilfe kann ein Spion z. B. eine Unterredung abhören oder ein Treffen fotografieren. Der Filmspion James Bond machte solche Geheimwaffen berühmt. Vor jedem Auftrag besuchte er das Labor von Q, der seine Spezialausrüstung entwickelte. Als Vorbild für Q diente der Erfinder Charles Fraser Smith (1904–1992), der die Ausrüstung für den britischen Geheimdienst im Zweiten Weltkrieg entwickelte. Andere Geheimdienste hatten (und haben auch heute noch) ebenfalls einfallsreiche Leute in ihren Laboratorien.

Ausrüstung für einen Spion im Krieg

Nicht viel größer als ein Streichholz

Beim Öffnen der Feuerzeugklappe wird die Kamera sichtbar.

←Superminikamera

Spione müssen in der Lage sein, unauffällig zu fotografieren. Kameraverstecke wie dieses – eine in einem Feuerzeug verborgene winzige Digitalkamera – sind natürlich nur dort sinnvoll, wo das Rauchen erlaubt ist. Bei einer genauen Untersuchung würden sie allerdings auch leicht entdeckt.

Der Stift schreibt normal.

Sohlenversteck→

In Schuhen kann man ziemlich große Waffen und Werkzeuge verbergen. Im Zweiten Weltkrieg versteckten Spione Messer oder Gold für Bestechungen in den Sohlen.

Faden zum Herausziehen

Die Kamera konnte vier Aufnahmen machen.

Lochkamera

Wegen einer Belichtungszeit von mehreren Minuten konnte man nur unbewegte Gegenstände wie Häuser aufnehmen.

Verbindungsstück zum Mikrofon

← Abhörkuli

Die Elektronik eines Radiosenders ist so winzig, dass man sie in die kleinsten Gegenstände, z. B. einen Stift, einbauen kann. Dieser Kuli enthält ein Mikrofon, mit dem man Gespräche abhören kann. Die Signale des Senders sind zwar schwach, können aber mit einem entsprechenden Empfänger, z. B. in einem Auto in 500 m Entfernung, aufgefangen werden.

Im Griff des Stifts verbirgt sich der Sender.

Batterie reicht bis zu 6 Stunden.

Spezialbürste →

Im Zweiten Weltkrieg verbargen Agenten Fluchthilfsmittel z. B. in solch einer Haarbürste: eine Säge für Gefängnisstäbe, eine Landkarte und einen Kompass.

Zieht man die Borsten ab, kommt man an das Geheimfach.

In der Bürste versteckte Ausrüstung

Winziges Sägeblatt

Kompass

Kompassnadel

Karte, die man klein zusammenfalten kann

Hohles Bürsteninneres

Türöffner →

Wenn nötig, verwenden Spione Spezialwerkzeuge wie den abgebildeten Dietrich-Satz, um verschlossene Türen zu öffnen. Der britische Geheimdienst stellte einen ehemaligen Einbrecher zur Schulung der Agenten ein.

Dreht man den Haken vorsichtig im Schloss, schiebt er den Riegel zurück.

Die Dietriche werden wie die Schneide eines Taschenmessers in den Griff geklappt.

Verschiedene Dietriche für unterschiedliche Schlösser

Gezinkte Karten →

Im Zweiten Weltkrieg verbargen Agenten einen Fluchtplan in einem Kartenspiel. Unter jedem Bild war ein Landkartenausschnitt verborgen. Anhand der Nummern auf den Ausschnitten ließen sich die Karten wie ein Puzzle zusammenlegen.

Beschattung

Agenten lernen, ihre Augen – und Kameras – zu benutzen, um Informationen zu sammeln. Mit Teleobjektiven können ganz private Augenblicke festgehalten werden und Nachtsichtgeräte erlauben das Fotografieren in einem nur von einer Kerze erleuchteten Schlafzimmer. Scharfe Bilder garantieren jedoch nicht immer den Erfolg. Als einmal Agenten einen westlichen Diplomaten mit seiner Freundin fotografierten, um ihn zu erpressen, meinte er kaltblütig: „Herrliche Schnappschüsse! Könnte ich vielleicht ein paar Abzüge haben?“

Neugierig ↑
Ein gut ausgerüsteter Spion sieht (fast) alles.

Heranzoomen ↓
Geheimdienste nutzen auch im Handel erhältliche Ausrüstung wie diese hochauflösende Kamera mit Zoomobjektiv. Der Überwachungsspezialist fotografiert Ziele aus der Ferne, um geheimdienstliche Informationen über Orte, Personen oder Aktivitäten wie heimliche Treffen oder einen Austausch zu beschaffen.

← Auf frischer Tat ertappt
Um bei Dunkelheit zu fotografieren, benutzen Agenten Kameras mit Restlichtverstärker. Eine glimmende Zigarette liefert ausreichend Licht, um einen Spion beim Kopieren von Dokumenten oder bei der Nachrichtenübergabe zu fotografieren. Restlichtverstärker liefern keine Farbbilder, manchmal haben die Fotos allerdings ein gespenstisches Grün.

Filter verbessern das Bild.

Auf dem Bildschirm auf der Rückseite der Kamera lassen sich die Bilder vor der Aufnahme überprüfen.

Die Bilder werden auf einer Speicherkarte im Gehäuse abgespeichert.

Ein Normalobjektiv bildet den ganzen Straßenmarkt ab.

Mit einem Teleobjektiv kann man gezielt einzelne Personen aufnehmen.

↓ Die Dunkelheit durchdringen

Mit Nachtsichtgeräten können Spione auch bei Dunkelheit sehen. Ein Infrarotstrahl erhellt die Umgebung. Die Zielperson sieht nichts. Die schwache Lichtstrahlung wird in elektrische Signale umgewandelt, die verstärkt und auf einem Bildschirm sichtbar gemacht werden.

Zwei kleine Batterien liefern eine ganze Nacht lang Energie.

Das Licht wird 50 000-fach verstärkt.

Die Okulare können auf die Augen des jeweiligen Agenten eingestellt werden.

Zwei Objektive zum binokularen Sehen (Abschätzen von Entfernungen)

Die Objektive erzeugen ein Bild ohne Verzerrungen, sodass das Gerät auch zum Autofahren bei Nacht benutzt werden kann.

Zoomobjektiv fungiert als Teleskop.

Stabile Tragriemen für das schwere Gerät

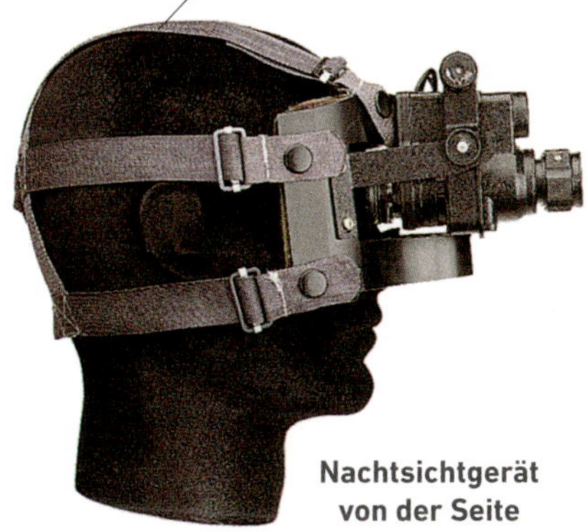

Nachtsichtgerät von der Seite

Gute Täuschung →

Französische Spione benutzten im 19. Jh. solche Ferngläser zur heimlichen Beobachtung. Das eine Objektiv ist ein normales Fernglas, das andere ist blind. Dahinter befindet sich ein Winkelspiegel, mit dem der Spion die Vorgänge rechts von sich sehen kann, obwohl er scheinbar geradeaus blickt. Es gibt auch Kameras, mit denen man seitlich fotografieren kann, obwohl die Kamera nach vorn zeigt.

Richtiges Objektiv

Blindes Objektiv

Echtes Objektiv an der Seite

Öffnung für den Winkelspiegel

Lauschangriff

↑ Sender
Wanzen sind z. T. so winzig wie Streichholzschachteln.

Mit Wanzen und angezapften Leitungen können Spione praktisch jedes Gespräch abhören. Wanzen sind meist an einen Sender angeschlossene Mikrofone und wie die gleichnamigen Insekten so klein, dass man sie überall verstecken kann. Mit einer Wanze im Apparat kann jedes Telefongespräch mitgehört werden. Digital lassen sich die Gespräche leicht aufzeichnen. Beim geringsten Geräusch schaltet sich das Aufnahmegerät ein und nach einigen Augenblicken Ruhe wieder aus.

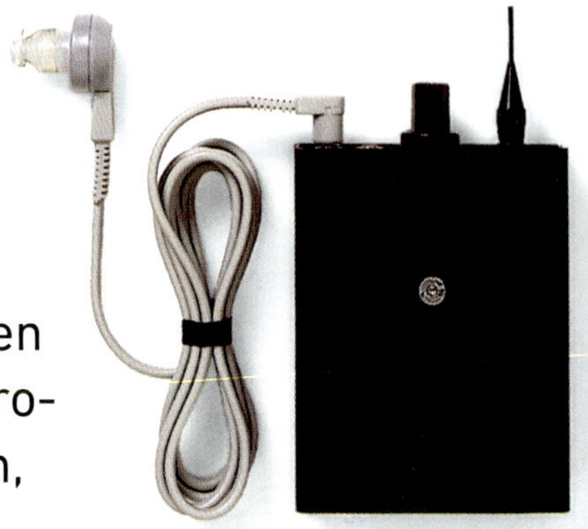

↑ Empfänger
Dieser Taschenempfänger nimmt die Signale von der Wanze (links) auf. Eine Wanze kann z. B. hinter einem Bild versteckt werden. Sie ist so billig, dass man sie, wenn die Batterie nach einer Woche leer ist, einfach dalässt.

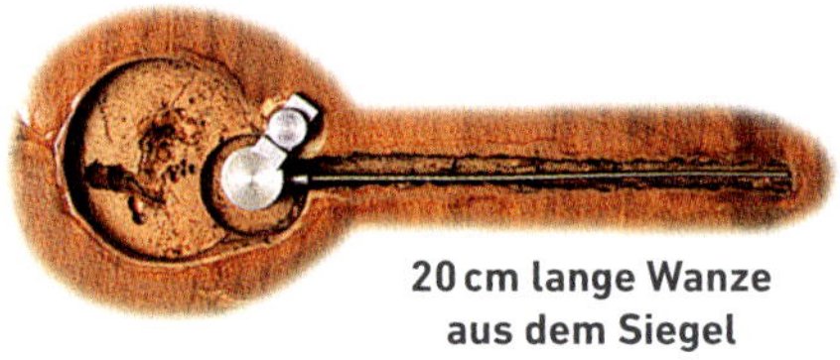

20 cm lange Wanze aus dem Siegel

← Kleine Aufmerksamkeit

Diese Nachbildung des Adlersiegels der USA, ein Geschenk der Sowjetunion, schmückte die US-Botschaft in Moskau. Im Siegel steckte eine Wanze. So konnten sowjetische Agenten in einem benachbarten Gebäude wichtige Gespräche verfolgen.

Armbanduhr mit Mikrofon (CIA)

Kabel zum in der Kleidung versteckten Rekorder

Dumm gelaufen →

Diese CIA-Armbanduhr enthält ein verborgenes Mikrofon. 1977 fiel ein US-Agent in Moskau mit der an sich unauffälligen Uhr auf: Er hatte vergessen, seine richtige Uhr abzulegen und trug zwei Uhren.

↑ Ein Telefon anzapfen

Ein Telefon kann man auch an einer oberirdischen Telefonleitung anzapfen. In dieser Szene aus dem Film *Die Nacht hat viele Augen* zapft Chris Lecce (gespielt von Richard Dreyfuss) eine Leitung an, um eine wichtige Zeugin in einem Fall von organisiertem Verbrechen zu überwachen.

Fortsetzung auf Seite 16

Sender im Telefon →

Mit einer Telefonwanze kann der Spion die Telefonate der Zielperson gut verfolgen. Allerdings hört er keine anderen Gespräche im Raum.

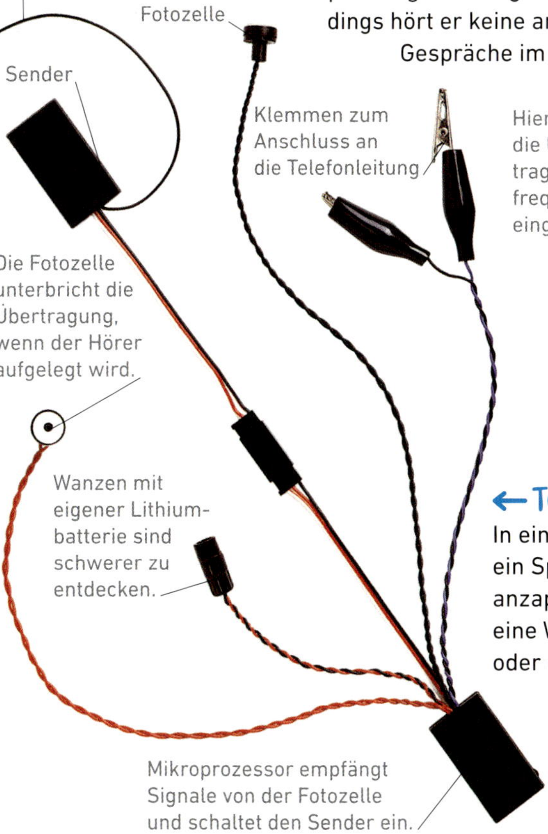

Antenne überträgt Gespräche.

Fotozelle

Sender

Klemmen zum Anschluss an die Telefonleitung

Die Fotozelle unterbricht die Übertragung, wenn der Hörer aufgelegt wird.

Wanzen mit eigener Lithiumbatterie sind schwerer zu entdecken.

Mikroprozessor empfängt Signale von der Fotozelle und schaltet den Sender ein.

Hier wird die Übertragungsfrequenz eingestellt.

Die Abhörvorrichtung ist mit dem gewünschten Anschluss verbunden.

Telefonleitung wird direkt am Hausanschlusskasten angezapft.

← Telefonwanze

In einem Bürogebäude mit vielen Telefonen wird ein Spion nicht den Schaltkasten oder die Leitungen anzapfen, sondern in einem bestimmten Telefon eine Wanze anbringen. Er kann dann direkt mithören oder die Gespräche aufzeichnen.

Mithilfe einer Spionagesoftware lässt sich das Mikrofon aus der Ferne aktivieren.

Mobile Wanzen →

Handys lassen sich verwanzen, indem der Gegner eine Nachricht mit einem Trojaner sendet. Wird diese Nachricht geöffnet, werden Gespräche vom Trojaner digital überwacht und zusammen mit weiteren Daten per Internet an den Lauscher übermittelt.

Ein roter Punkt zeigt die Position des Benutzers auf der Karte an.

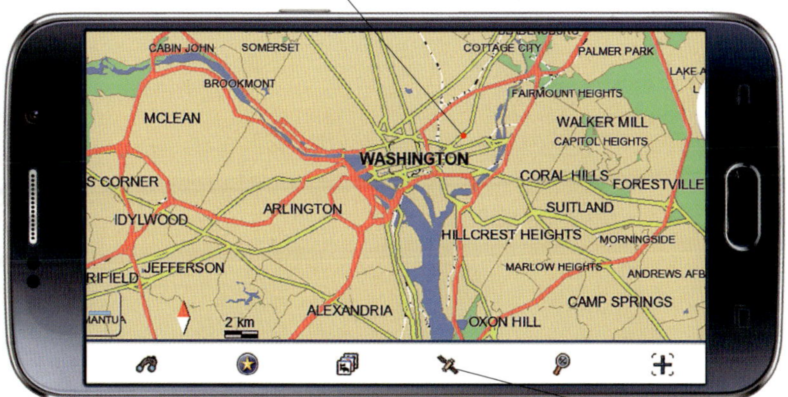

In den meisten Handys ist eine GPS-Software eingebaut.

↑ Standort ermitteln

Immer wenn ein Handy eingeschaltet wird, können die Behörden seinen Standort ermitteln und die Bewegungen des Benutzers verfolgen. Spione modifizieren zuweilen die Handysoftware, um Standort und Fahrroute ihrer Zielperson heimlich zu überwachen. Dann können sie über das Handy ihre Zielperson belauschen und ihr folgen.

Fortsetzung von Seite 15

16 Abhören

Die Reichweite einer Wanze hängt von der Übertragungsstärke und von eventuellen Hindernissen oder Funkstörungen ab. Energiearme Wanzen sind stets erwünscht, da das schwächere Signal vom Gegner schwerer abzufangen und die Wanze nicht so leicht zu ermitteln ist. Die Empfangsstation kann sich in einem anderen Gebäude, einem Auto oder in der Tasche des Spions befinden. Wenn der Agent die Kontaktperson auf der Straße oder im Park trifft, kann er die Wanze in seiner Kleidung verstecken. Agenten verwenden schnurlose Kopfhörer und eine eigene Sendefrequenz.

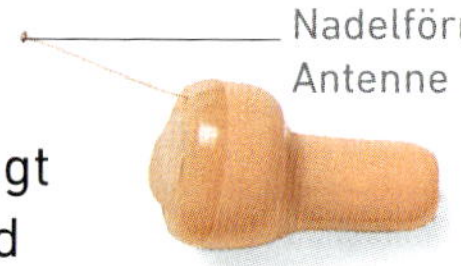

Nadelförmige Antenne

Im Hemd verborgene Induktionsschleife, die das Gespräch aufzeichnet

Der Empfänger kann zwischen zwei Wanzen hin- und herschalten.

Wird das im Koffer eingebaute Mikrofon mit dem Handy verbunden, lässt sich über ein im Koffer liegendes eingeschaltetes Handy ein Treffen belauschen oder aufzeichnen.

↑ Knopf im Ohr

Mit einer „Draht-Krawatte" kann ein Agent eine Wanze unauffällig abhören. Der Ohrhörer ähnelt einem Hörgerät. Die Signale werden durch einen Draht um den Hals übertragen.

← Mitschnitt

Das Funksignal einer Wanze kann die Spionageabwehr (S. 48–49) alarmieren. Ein kleines Aufzeichnungsgerät löst das Problem: Es erzeugt keine Funksignale.

Der Träger schaltet das Aufzeichnungsgerät mit einem verborgenen Schalter am Mikrofon ein.

↓ Besserer Empfang

Agenten benutzen meist spezielle Empfangsgeräte. Ein Agent, der dieses Gerät zum Aufzeichnen von Gesprächen mit einem angezapften Telefon verwendet, hat nichts zu tun als ab und zu das Speichermedium zu wechseln.

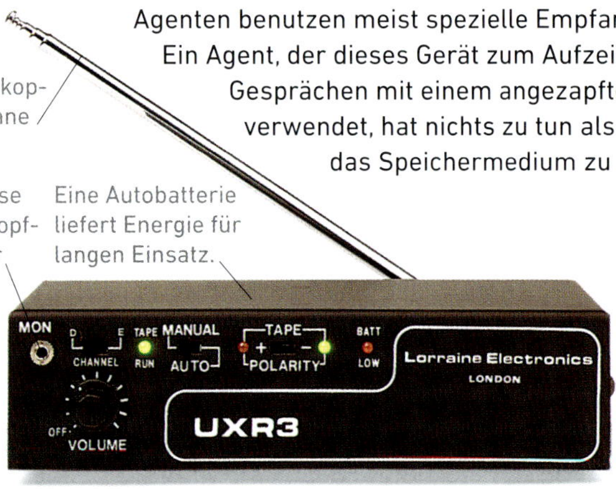

Teleskopantenne

Buchse für Kopfhörer

Eine Autobatterie liefert Energie für langen Einsatz.

Digitaler Kuli →

Mit diesem Kugelschreiber kann man nicht nur Notizen machen, sondern unauffällig Unterhaltungen und Telefongespräche in einem Büro oder vielleicht eine zwanglose Plauderei beim Essen aufzeichnen und abspeichern.

Der Kuli birgt einen winzigen digitalen Rekorder, mit dem man ferngesteuerte Aufnahmen von über 12 Stunden Länge machen kann.

↑ Lauschangriff

Im Film *Die Nacht hat viele Augen* verfolgt der Sicherheitschef einer Firma ein verdächtiges Gespräch. Das Gesetz erlaubt den Einsatz von Wanzen, wenn es um Verbrechen oder die nationale Sicherheit geht.

Die Wanze ist nur 4 mm dick und kann hinter einer Kreditkarte oder in einem Terminkalender versteckt werden.

Eine Abdeckung im Koffer verbirgt Batterien und Elektronik.

Dieses digitale Diktiergerät kann Gespräche von bis zu 70 Stunden Länge aufzeichnen, die sich direkt auf einem Computer abspeichern lassen.

Der Federhalter enthält eine kleine Wanze.

← Abhörkoffer

Abhören gehört zur Routine der Spione in Politik und Wirtschaft. Geschäftsleute können mit heimlichen Aufzeichnungen unlauteren Wettbewerb oder ein per Handschlag abgeschlossenes Geschäft aufdecken. Ein Mikrofon im Aktenkoffer kann Gespräche aus der entferntesten Ecke eines Raums empfangen. Mit Handys lassen sich Gespräche mitschneiden oder abhören (S. 14–15) und ein Kuli mit einer Wanze fällt in der Nähe des Gesprächspartners nicht auf.

Luftpost

Brieftauben spielten in der Spionage lange Zeit eine bedeutende Rolle. Spione schätzten die Geschwindigkeit der Tiere und ihre Fähigkeit, bei fast jedem Wetter sicher nach Hause zu finden. Im Ersten Weltkrieg brachten mehr als 500 000 Tauben Nachrichten durch die feindlichen Linien. Es gab sogar Tauben, die winzige Kameras zum Fotografieren feindlicher Stellungen trugen. Im Zweiten Weltkrieg schickten Spione Informationen über die Abschussrampen der deutschen *V1*- und *V2*-Raketen mit Brieftauben zu den Alliierten.

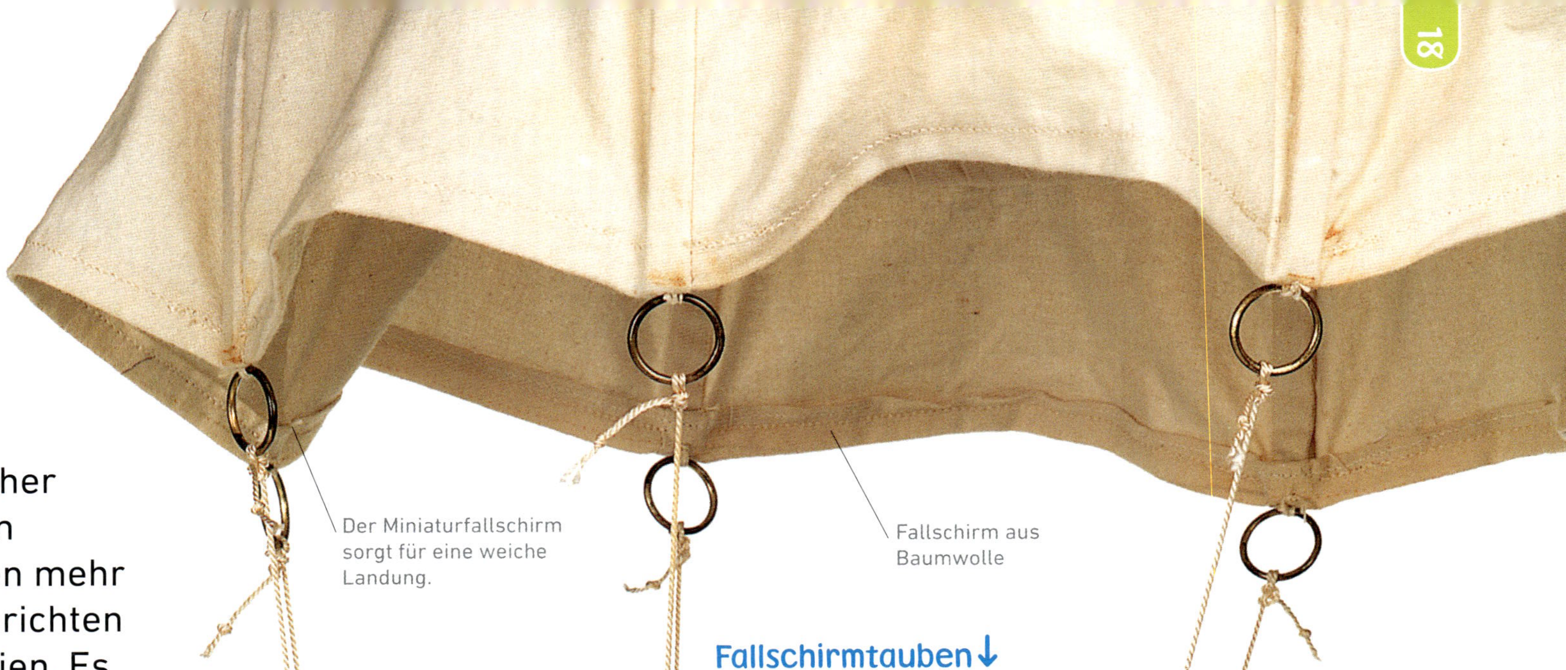

Der Miniaturfallschirm sorgt für eine weiche Landung.

Fallschirm aus Baumwolle

Eine leichte, aber stabile Schnur verbindet Taube und Fallschirm.

Fallschirmtauben↓

Die britische SOE (Special Operations Executive, S. 32–33) warf über dem besetzten Frankreich Brieftauben für Spione per Fallschirm ab. Spione sammelten die Tauben ein und fütterten und betreuten sie, bis sie gebraucht wurden. Das war mitunter ein Problem, denn die Tauben brauchen viel Pflege und auf lange Reisen mussten die Spione sie mitnehmen. Wenn sie die Tauben freiließen, flogen sie zurück zu ihren Schlägen in England mit einer Geheimbotschaft in einem Behälter am Bein.

Die Bleigewichte sind sorgfältig verpackt, damit sie nicht klappern.

←Schmuggelware

Im Zweiten Weltkrieg wurden Spione oft aus der Luft versorgt. Geld, Waffen oder Nahrung segelten an Fallschirmen vom Himmel. Diese Konservendose enthält eine Karte von Frankreich, einen Seitenschneider zum Schneiden von Draht und Kompasse. Bleigewichte geben ihr das nötige Konservengewicht.

Zusammengeklappt passt der Seitenschneider in die Dose.

Kompass als Hilfe bei der Flucht

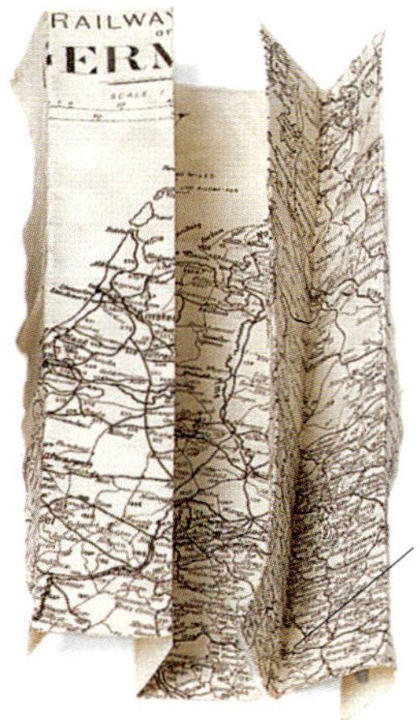

Karte auf dünnem Papier passt klein zusammengefaltet in die Dose.

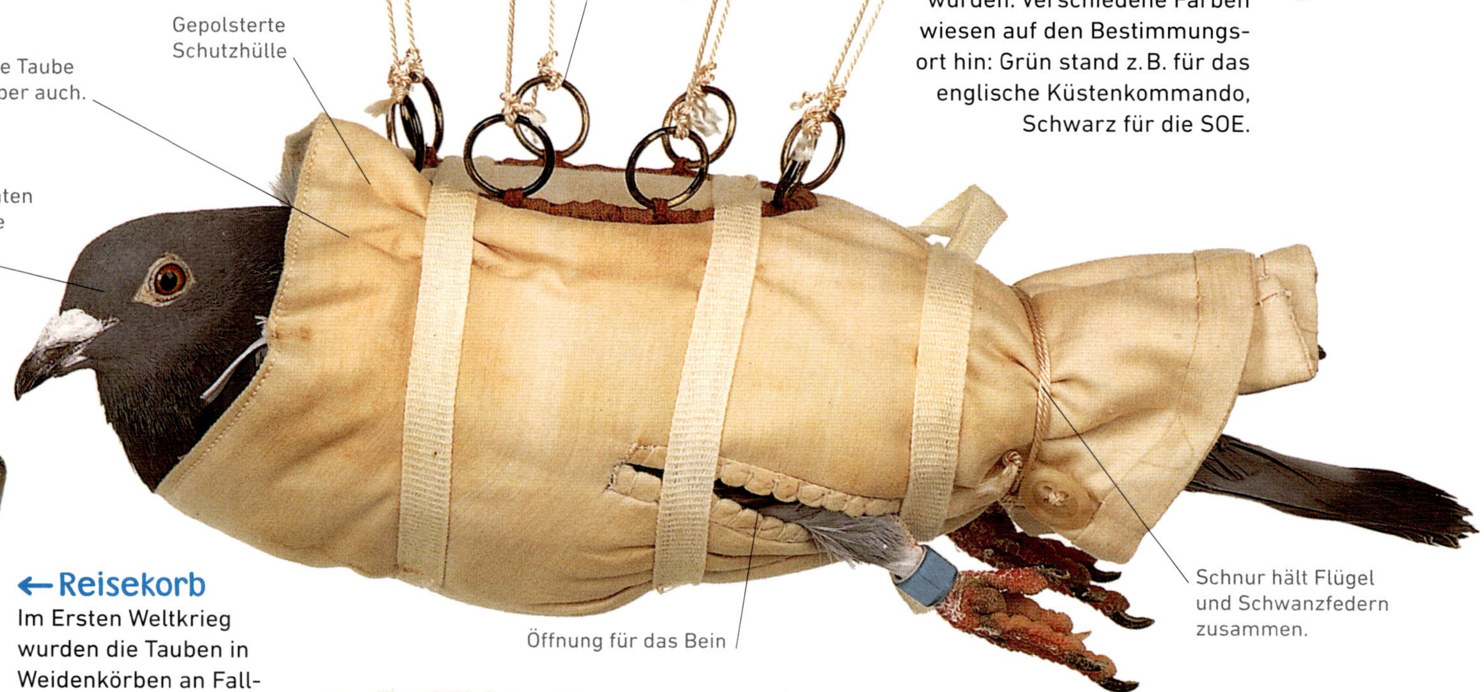

Metallring

Gepolsterte Schutzhülle

Die Hülle beengt die Taube zwar, schützt sie aber auch.

Im Zweiten Weltkrieg hatten Frontsoldaten den Befehl, jeden Vogel, den sie für eine Brieftaube hielten, abzuschießen.

Öffnung für das Bein

Schnur hält Flügel und Schwanzfedern zusammen.

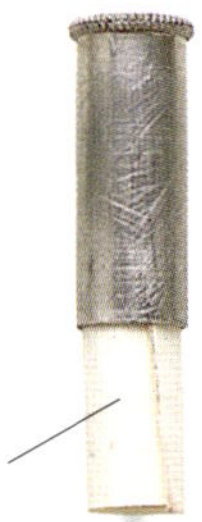

Zusammengerollte Nachricht in Röhrchen

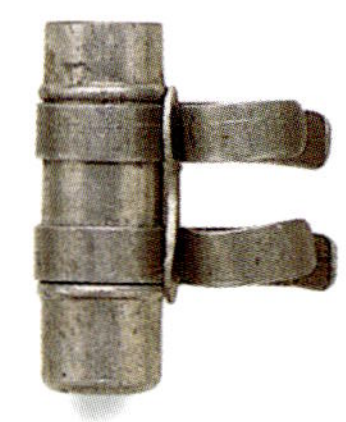

Rohrpost →

In beiden Weltkriegen transportierten Brieftauben ihre Nachrichten in speziellen Behältern, die am Bein der Taube befestigt wurden. Verschiedene Farben wiesen auf den Bestimmungsort hin: Grün stand z. B. für das englische Küstenkommando, Schwarz für die SOE.

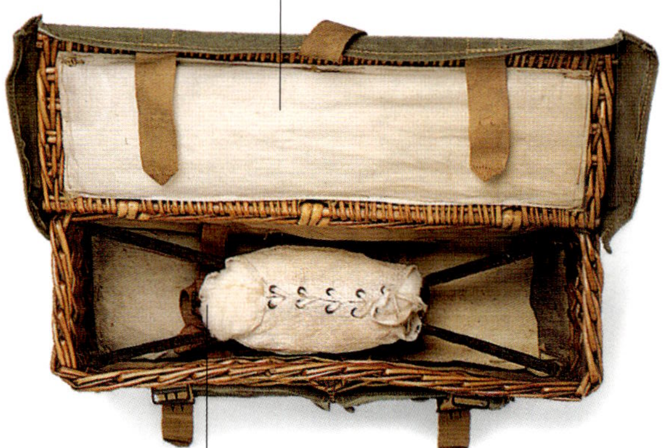

Dicke Polsterung zum Schutz

Der Vogel reiste in einer gepolsterten, elastisch aufgehängten Hülle.

← Reisekorb

Im Ersten Weltkrieg wurden die Tauben in Weidenkörben an Fallschirmen abgeworfen. Im Zweiten Weltkrieg benutzten die Amerikaner ähnliche Körbe für bis zu vier Tauben samt Futter.

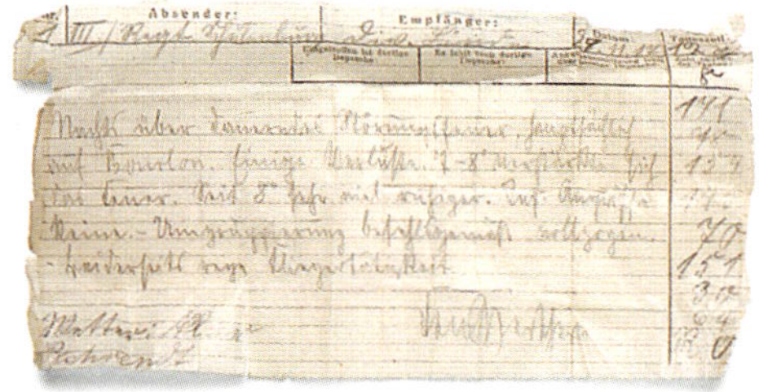

← Winzige Nachrichten

Tauben können nur leichte Lasten tragen. Diese deutsche Nachricht aus dem Ersten Weltkrieg wurde auf das Standardformblatt für Taubenpost der Wehrmacht geschrieben. Längere Nachrichten mussten fotografisch verkleinert werden, damit die Tauben sie tragen konnten.

Tiere als Spione

In den letzten 100 Jahren haben Geheimdienste Tiere abgerichtet, damit sie menschliche Agenten oder Soldaten unterstützen oder gar ersetzen. Tiere können ideale Spione abgeben – man begegnet ihnen selten mit Misstrauen und übersieht sie leicht. Meist übermitteln sie geheime Botschaften oder verrichten Spähdienste. Oder sie erledigen Aufgaben, die menschliche Fähigkeiten übersteigen, etwa wenn sie Agenten am Geruch aufspüren. Derzeit arbeiten Wissenschaftler daran, lebendige Falter mit Mikrochip-Implantaten in Minispione umzuwandeln.

↑ Spione mit Flügeln

Im Ersten Weltkrieg fungierten Tauben nicht nur als geheime Kuriere (S. 18–19), sondern führten auch Luftaufklärungsflüge durch. Die Vögel wurden trainiert, entlang bestimmter Routen zu fliegen, und lösten dann kleine Kameras aus, die in vorgegebenen Intervallen Fotos machten. Die Bilder, die die Tauben heimbrachten, verrieten die feindlichen Stellungen.

↑ Kurierhunde

Auch Hunde wurden im Ersten Weltkrieg als Kuriere eingesetzt. Sie waren viel schneller als ein Mensch und erreichten ihr Ziel auch dann noch, wenn es für Tauben zu neblig, feucht oder dunkel war.

← „Acoustic Kitty“

1961 wollte die CIA eine Katze zur Wanze machen. „Acoustic Kitty“ sollte einer Route folgen, auf der sie in Hörweite eines asiatischen Staatsoberhaupts gelangte. Doch beim Training wich Kitty zu oft von der Route ab. Das Projekt wurde aufgegeben und Kitty blieb eine normale Katze.

↑ Anti-U-Boot-Möwen

Im Ersten Weltkrieg wollten die Briten Möwen abrichten, die Periskope deutscher U-Boote einzukoten, um sie „blind“ zu machen. Doch die Vögel waren unkooperativ. Im Zweiten Weltkrieg erwog die US-Navy über Möwen die Position von U-Booten aufzuspüren. Man versuchte, die Tiere zu trainieren, aber schließlich wurde das Programm nicht realisiert.

Moskauer Ratten →

In Moskau setzte die CIA tote Ratten ein, in deren Bäuchen sie Geld und Spionagematerial versteckte. Dann wurde die Ratte auf einer Straße abgelegt, wo ein Agent sie leeren konnte. Um hungrige Katzen abzuschrecken, wurden die Ratten in Chilisoße getunkt.

Glas mit Duftproben aus dem Stasi-Museum in Berlin

←Duftschnüffler

Im Kalten Krieg brachte die Stasi Hormondüfte von Hündinnen auf den Fußmatten mutmaßlicher Spione aus, damit sie deren Schuhe kontaminierten. Dann verfolgten speziell trainierte Hunde die Zielpersonen. Oder man nahm den Geruch eines Menschen von Autositzen ab. In luftdichten Gläsern blieben die Proben „frisch" für den Einsatz.

Agent Maus→

Der britische MI6 benutzte eine Maus, um die Wohnung eines mutmaßlichen russischen Spions zu verwanzen. Die Maus wurde abgerichtet, ein Mikrofonkabel durch ein Abflussrohr zu einem Empfänger im Appartement unter dem Verdächtigen zu ziehen.

Libellenattrappe↓

Der Insectothopter war ein Mini-UAV, das die CIA um 1970 entwickelte, um Gespräche zu belauschen. Dieses Roboterinsekt sah aus wie eine Libelle. Die Flügel wurden von einem winzigen Benzinmotor angetrieben. Das Projekt wurde wieder aufgegeben, weil sich die Attrappe bei Seitenwind kaum steuern ließ.

Die Roboterlibelle sollte vor Fenstern schweben.

↑Agent Delfin

Die US-Navy setzt dressierte Delfine und Seelöwen ein, um Minen, Spione und Saboteure aufzuspüren. Die Delfine können auch Rumpfkonstruktionen fremder Schiffe fotografieren. Angeblich können Delfine der Navy sogar feindliche Taucher mit Giftpfeilwaffen angreifen. Doch die Navy bestreitet dies.

Sphinxschwärmer

Bionikschwärmer→

US-Forscher führen Experimente mit einer Schwärmerart durch. Sie implantieren den Faltern Mikrocomputer, um ihre Bewegungen zu steuern und die Tiere zum Sammeln und Übertragen von Daten zu nutzen. Elektronische Sensoren wandeln die Muskelschwingungen in Energie für den Computer um. Man plant, die Schwärmer mit Überwachungsgeräten für Aufklärungsmissionen zu versehen, die für menschliche Agenten zu gefährlich sind.

Geheimbotschaften

Schnelle und sichere Nachrichtenübermittlung ist für Spione wichtig, weil Informationen schnell ihren Wert verlieren. Die Erfindung von Funkgeräten erhöhte die Geschwindigkeit zwar beträchtlich, doch jeder, der die richtige Wellenlänge einstellte, konnte mithören. Mit der entsprechenden Ausrüstung konnte die Spionageabwehr einen Sender in Minuten orten. Heutzutage überträgt ein Handy mit Internetverbindung Informationen blitzschnell.

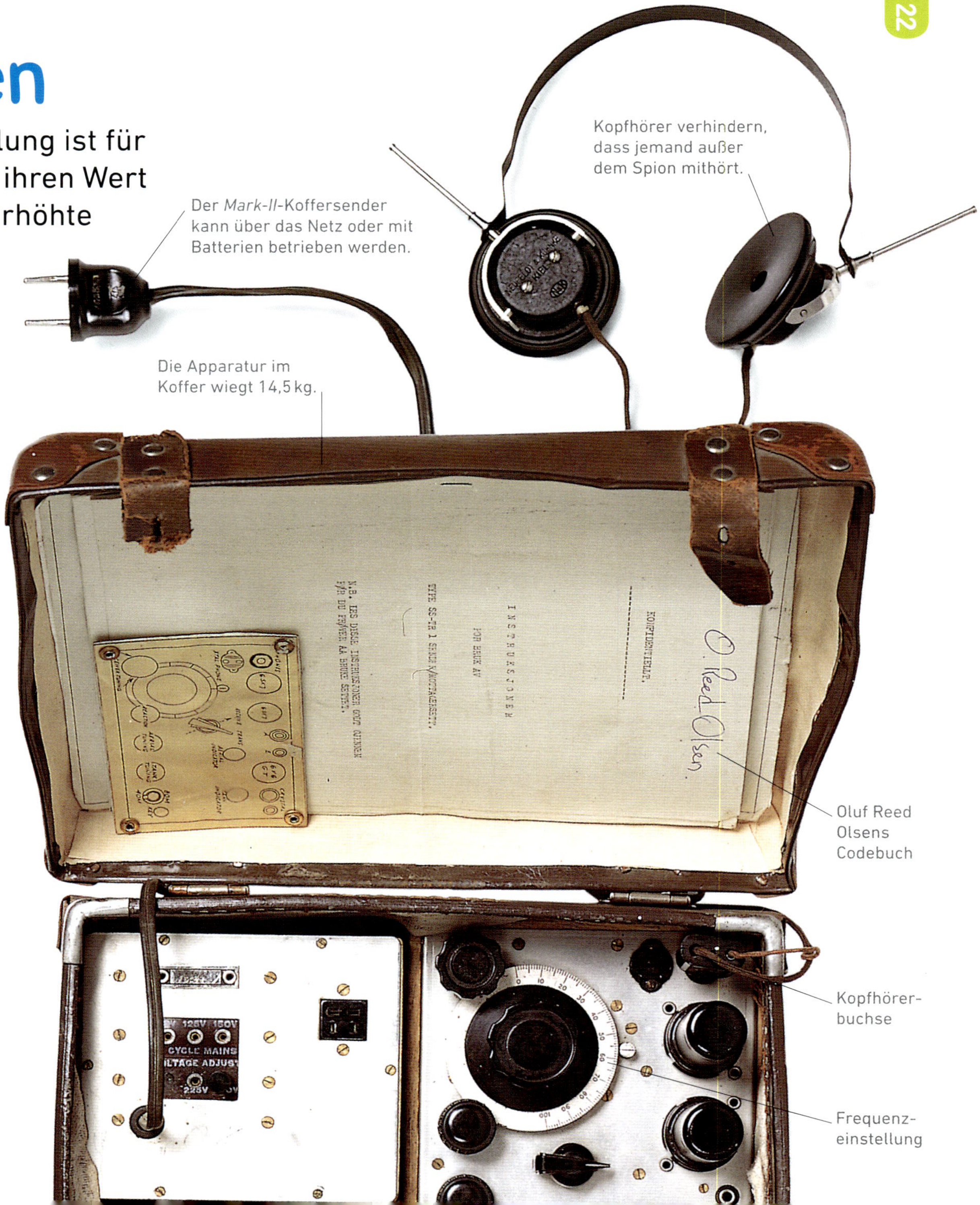

Kopfhörer verhindern, dass jemand außer dem Spion mithört.

Der *Mark-II*-Koffersender kann über das Netz oder mit Batterien betrieben werden.

Die Apparatur im Koffer wiegt 14,5 kg.

Oluf Reed Olsens Codebuch

Kopfhörerbuchse

Frequenzeinstellung

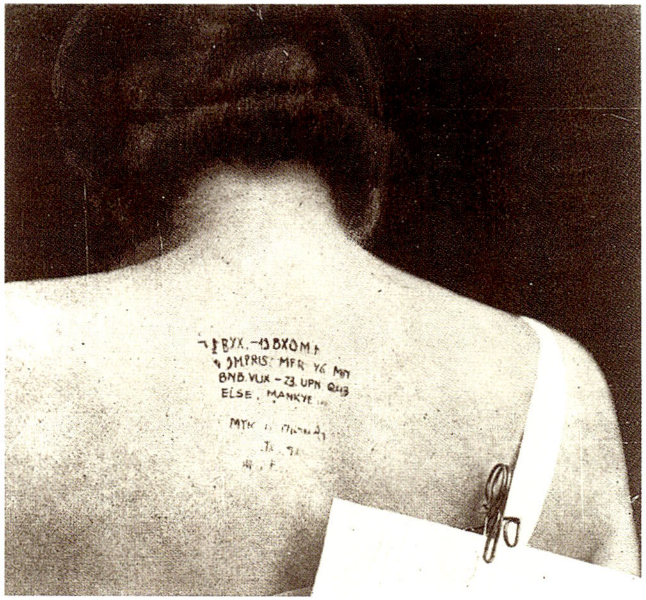

↑ Nachrichtenüberträgerin

Diese Belgierin trug im Ersten Weltkrieg eine mit Geheimtinte geschriebene Nachricht auf ihrem Rücken. Nach ihrer Gefangennahme wurde die Botschaft jedoch entdeckt und die Spionin hingerichtet.

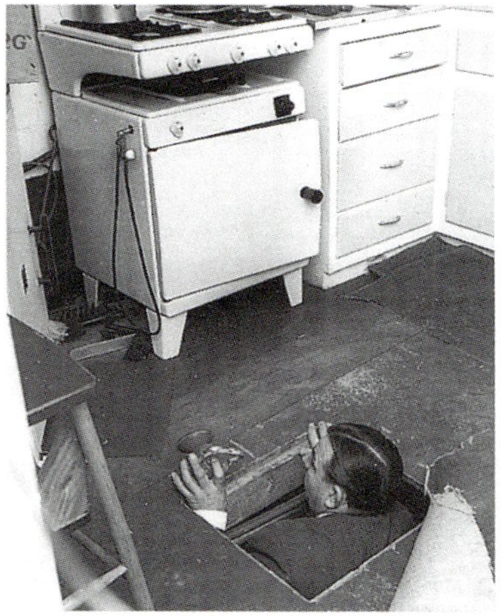

↑Störsender

Peter und Helen Kroger funkten mit einem Sender, der unter dem Küchenfußboden versteckt war, Informationen nach Russland. Sie hatten ein Haus in der Nähe von drei Flughäfen, weil sie hofften, dass der Funkverkehr rund um den Tower ihre geheimen Signale tarnen würde.

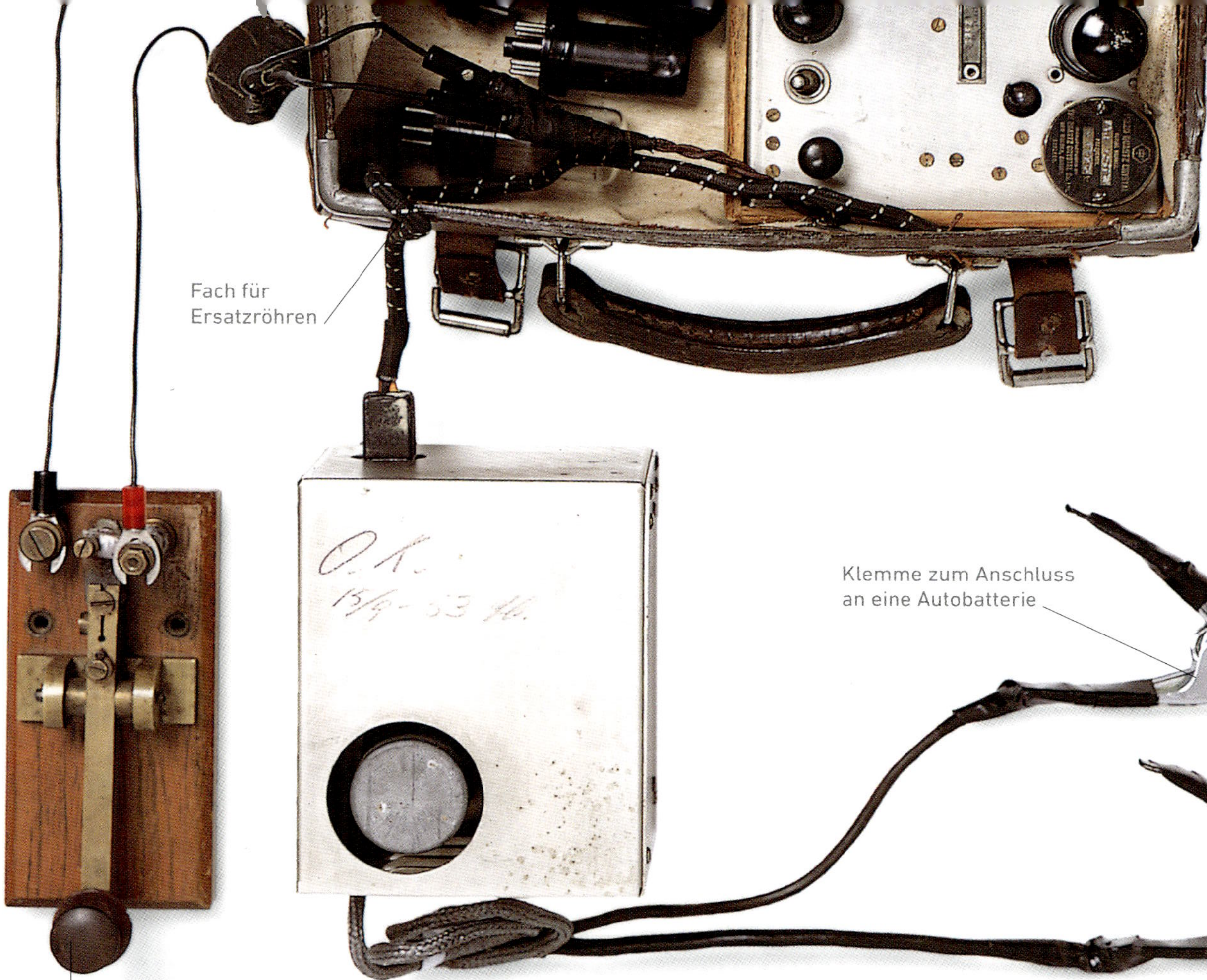

Ersatzröhre

Kristallstecker für den Frequenzwechsel

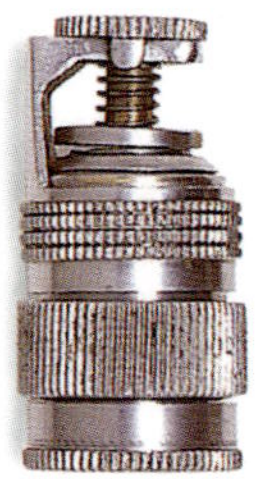

Mikrokamera (reale Größe)

←Mikrobilder

Eine Mikrokamera ist so klein, dass man sie überall verstecken kann. Allerdings muss der Agent den Film sorgfältig belichten und entwickeln, sonst kann die Botschaft unleserlich sein.

Winzigklein→

Mit einer Spezialkamera kann der Spion einen Mikrofilm herstellen. Dieser Text über Mikrofotografie könnte auf die Größe eines Punkts verkleinert und der Mikrofilm in einem Buchstaben versteckt werden. Der Empfänger kann ihn dann mit einem Mikroskop lesen.

Winzigklein→
Mit einer Spezialkamera kann der Spion einen Mikrofilm herstellen. Dieser Text über Mikrofotografie könnte auf die Größe eines Punkts verkleinert und der Mikrofilm in einem Buchstaben versteckt werden. Der Empfänger kann ihn dann mit einem Mikroskop lesen.

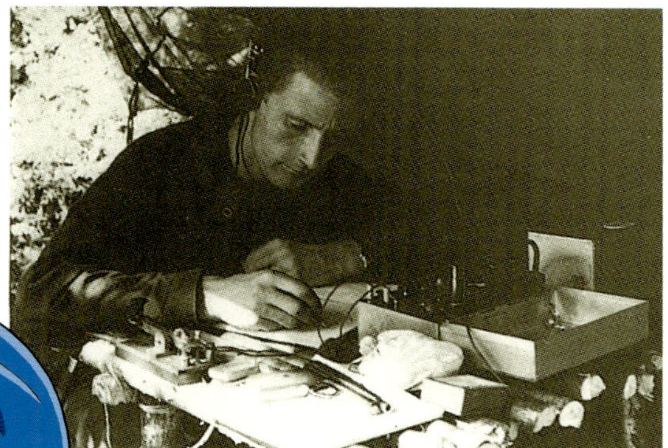

Oluf Reed Olsen beim Funken (1944)

Mark-II-Koffersender↑

Als die deutschen Truppen 1940 das neutrale Norwegen besetzten, floh Oluf Reed Olsen nach England. Nach einer Ausbildung zum Funker kehrte er 1943 nach Norwegen zurück. Spione sammelten in der Flottenbasis Kristiansand Einzelheiten über deutsche Schiffsbewegungen, die Olsen verschlüsselte und von einer verborgenen Station nach England funkte. Er benutzte den hier abgebildeten *Mark-II*-Koffersender. Seinen Code hielt man für nicht entschlüsselbar, weil er auf Reihen von Zufallszahlen beruhte. Nur Olsen und der MI6 kannten den Schlüssel.

Codes und Schlüssel

↑ Einfacher Schlüssel
Dieses Männchen aus dem Ersten Weltkrieg enthält eine verschlüsselte Botschaft: Es steht für „Ypern" (Schauplatz einer Schlacht in Belgien) und das Datum (der 8.).

Bei der Nachrichtenübermittlung benutzen Agenten einen Code, um ihre Botschaft zu verschlüsseln. Ein Code ersetzt die Wörter durch Buchstaben, Zahlen oder Symbole. Manche Codes sind äußerst kompliziert aufgebaut und nur schwer zu knacken. Die Nachricht wird nach einem Schlüssel unkenntlich gemacht, der in Zahlen, Wörtern oder auch Gedichten verborgen sein kann. Mit dem richtigen Schlüssel kann man die Nachricht wieder in verständlichen Text verwandeln. Ohne den Schlüssel bleibt sie unverständlich und sinnlos.

← Austauschcode
Diese Chiffrierscheibe wurde 1802 erfunden und misst weniger als 6 cm im Durchmesser. Der innere Kreis wird auf bestimmte Buchstaben und Zahlen des äußeren eingestellt. So ergibt sich ein einfacher Schlüssel, mit dem jeder Buchstabe durch einen anderen ersetzt wird. Hier steht z. B. L für X, K für Y usw.

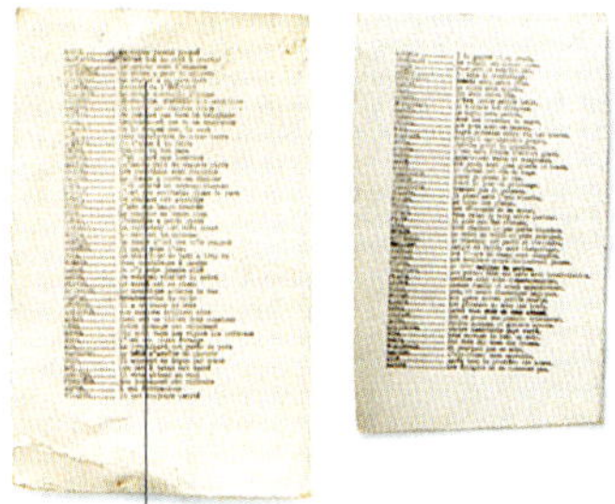

← Verschlüsselt
Mithilfe solcher Blätter kann man Nachrichten schnell verschlüsseln. Diese kleinen Blätter gehörten Yvonne Cormeau, einer SOE-Agentin, die im Zweiten Weltkrieg Nachrichten nach England funkte (S. 32–33). Wenn sie ein solches Blatt beim Morsen benutzte, ersetzte z. B. ein anderer Buchstabe das „E".

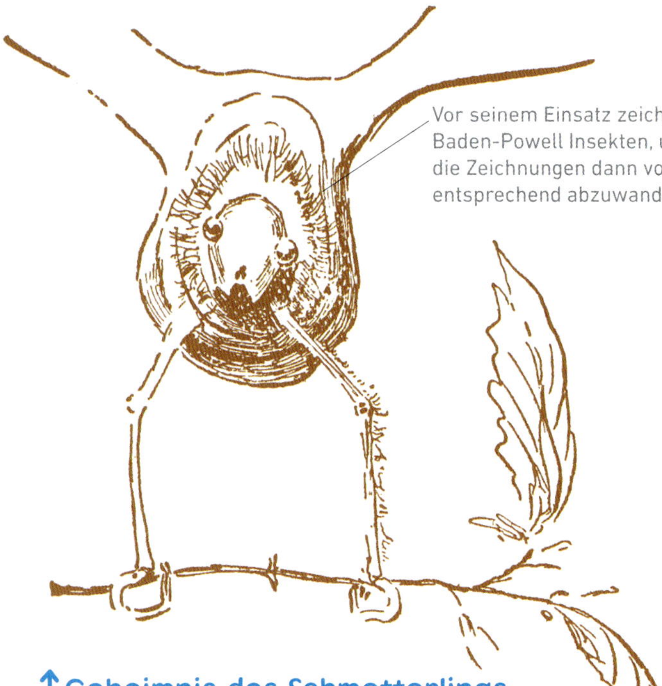

↑ Geheimnis des Schmetterlings
Der englische Spion Robert Baden-Powell (1857–1941) tarnte sich bei einem Auftrag in Montenegro als Schmetterlingssammler und fertigte Zeichnungen an.

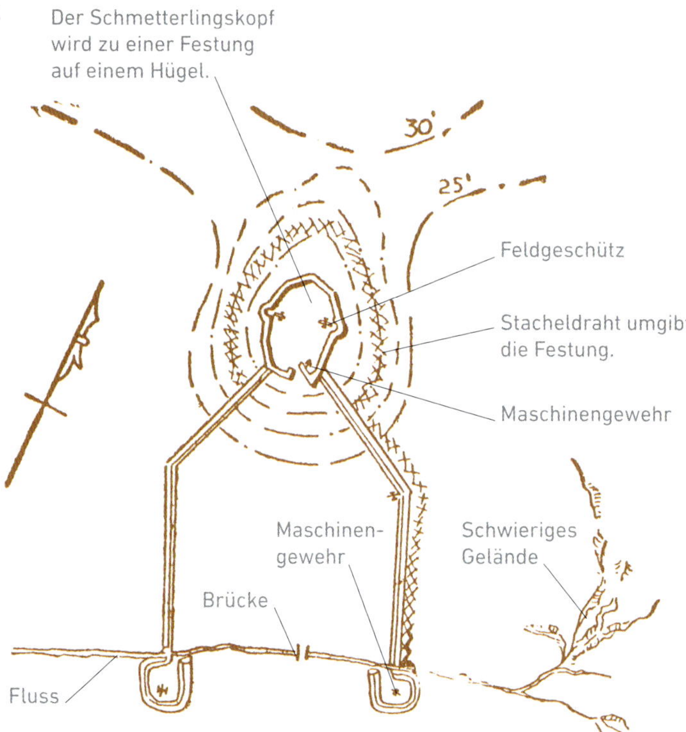

↑ Verschlüsselte Festung
Baden-Powells Zeichnung barg den Plan der Festung von Kotor. Der Agent gab seine Spionageerfahrung später in der von ihm gegründeten Pfadfinderbewegung an Kinder weiter.

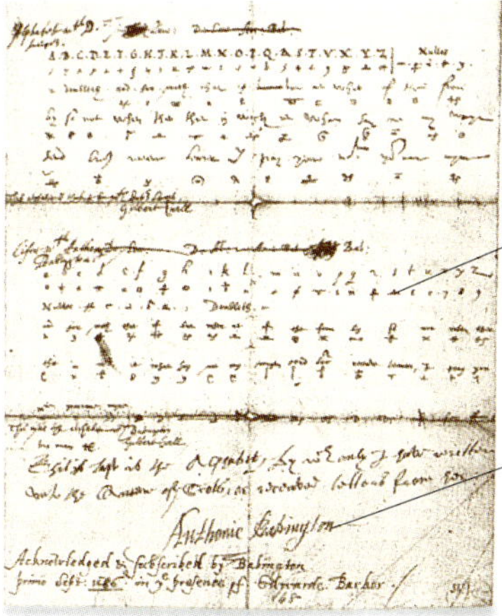

↑ Königlicher Code

Maria Stuart (1542–1587) schickte verschlüsselte Botschaften an Verbündete (S. 28–29). Sie benutzte für jeden Buchstaben immer das gleiche Symbol, sodass ihr Code leicht zu knacken war.

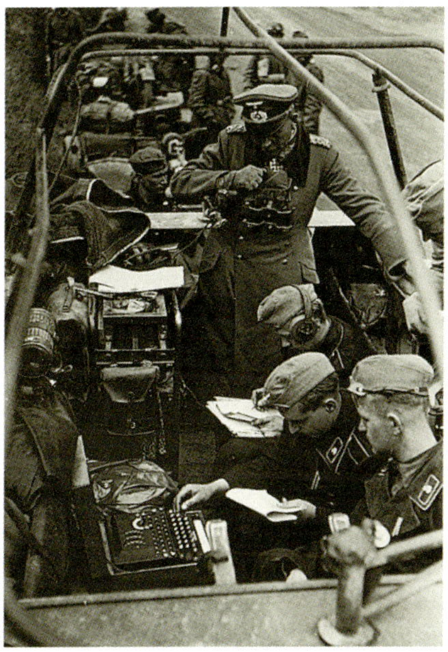

↑ Schnell verschlüsselt

Die deutsche Wehrmacht und Diplomaten benutzten während des Zweiten Weltkriegs die *Enigma*, eine geradezu legendäre Chiffriermaschine. Dem polnischen Geheimdienst war es ab 1932 mithilfe eines deutschen Chiffrierers gelungen, den *Enigma*-Funkverkehr zu entschlüsseln. Die Polen gaben ihr Wissen 1939 an die Briten und die Franzosen weiter.

Enigma-Chiffriermaschine →

Die Chiffrierung mit der *Enigma* lief automatisch. Wenn man auf der Tastatur einen Buchstaben drückte, leuchtete auf der Anzeige darüber jedes Mal ein anderer auf. Die Dechiffrierung erfolgte auf einer zweiten *Enigma* entsprechend umgekehrt. Ohne Kenntnis der Stecker- und Walzenkombination konnte man die Nachricht nicht entschlüsseln. Erst als die Briten vom polnischen Geheimdienst diese Information nebst einer *Enigma* bekamen, konnten sie den Code knacken und die geheimen Nachrichten der Deutschen lesen.

Codeknacker

↑ Codeabteilung
Im Zweiten Weltkrieg bearbeiteten über 5000 Angestellte des britischen Geheimdienstes etwa 2000 Nachrichten pro Tag.

Geheimdienste beschäftigen ganze Codeabteilungen, um die Codes zu entschlüsseln, mit denen der Gegner seine geheimen Botschaften schützt. Bei einem Austauschcode zählt der Kryptologe (Codeknacker) zuerst die Buchstaben. Im Englischen wird das „E“ häufiger benutzt als andere Buchstaben. Wenn also zum Beispiel das „W“ am häufigsten auftaucht, steht es wahrscheinlich für das „E“. Dann sucht man Wörter mit zwei Buchstaben und einem „E“ am Ende. Im Englischen gibt es davon nur vier: *he*, *me*, *be* und *we*. Auf diese Weise lassen sich auch kompliziertere Codes knacken, was allerdings viel Zeit kostet. Mit einem Computer geht das Entschlüsseln schneller, weil er in kürzester Zeit Tausende Möglichkeiten durchspielen kann. Geduld brauchen Kryptologen aber immer.

Abgefangen →
Das „Zimmermann-Telegramm“ wurde 1916 von den Briten abgefangen und entschlüsselt. Darin schlugen die Deutschen Mexiko ein Bündnis und den Einmarsch Mexikos in drei amerikanische Südstaaten vor.

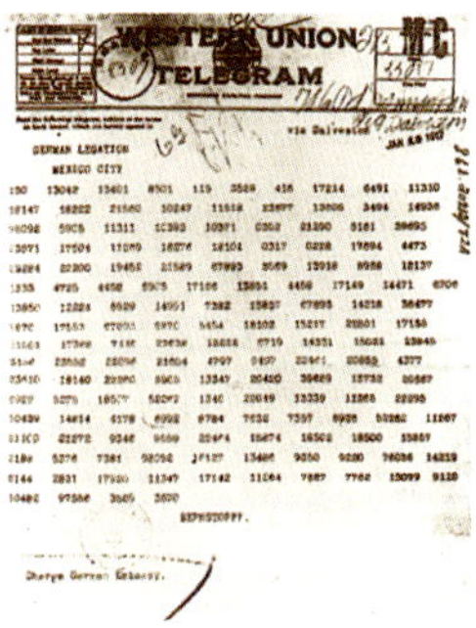
WESTERN UNION TELEGRAM

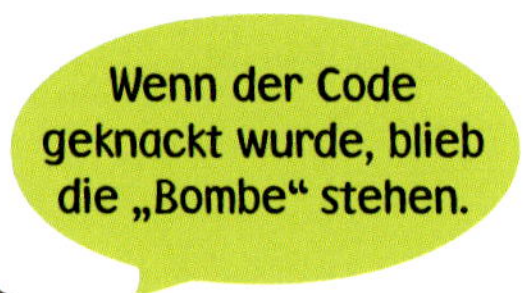

← Die „Bombe“
Die Codeabteilung des britischen Geheimdienstes setzte die ersten Computer ein. Die „Bombe“ konnte in zwei Stunden die Walzen- und Steckerkombination der deutschen *Enigma* herausbekommen. Der spätere *Colossus* war ein Vorläufer der heutigen programmierbaren Rechner.

Viele amerikanische Soldaten schliefen in ihren Quartieren, als der Angriff startete.

Die überraschten Diensthabenden dachten, die japanischen Flugzeuge wären Teil einer Übung.

↑ Pearl Harbor

Mithilfe des *Purpur*-Materials sagten die amerikanischen Codeknacker für den 7. Dezember 1941 einen japanischen Angriff voraus, ohne aber Zeitpunkt und Ort genau angeben zu können. Die Agenten Sorge (S. 34–35) und Popov (S. 58) warnten ebenfalls – doch vergeblich. Der vernichtende Angriff traf Pearl Harbor auf Hawaii. 2300 Amerikaner kamen um, die US-Flotte war empfindlich getroffen. Die USA traten in den Zweiten Weltkrieg ein.

↑ „Unternehmen Purpur"

Wie die *Enigma* arbeitete auch die japanische Chiffriermaschine *Purpur* mit Steckern, aber mit Telefonrelais statt Walzen. US-Kryptologen knackten mithilfe einer nachgebauten Chiffriermaschine den japanischen Ro-Code.

Kryptologen-Paar →

William F. Friedman (1891–1969) leitete im Zweiten Weltkrieg die Codeabteilung der US-Armee, die den Ro-Code der Japaner knackte. Seine Frau entschlüsselte in den 1920er-Jahren den Code von Rumschmugglern.

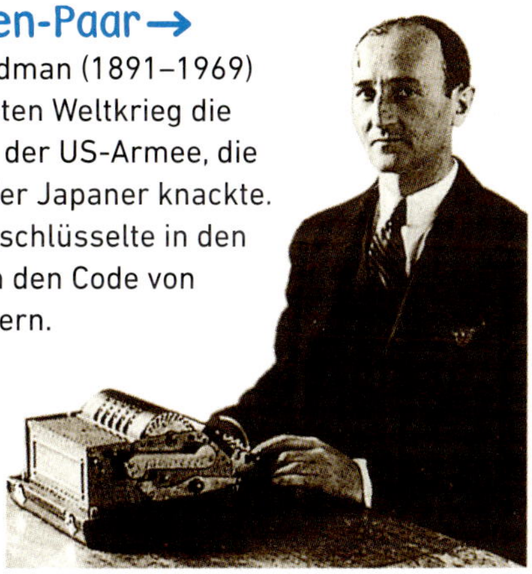

AMERICAN COMMISSION TO NEGOTIATE PEACE

PASS No. 92

Permit Bearer YARDLEY, H.O., Capt.

To enter HOTEL CRILLON,

4 PLACE DE LA CONCORDE

OFFICIAL – AMERICAN COMMISSION TO NEGOTIATE PEACE

Signature of Bearer H.O. Yardley

R. H. Van Deman

R. H. VAN DEMAN
Colonel, General Staff
U. S. A.

Herbert Yardleys Sicherheitspass

↑ Entschlüsselungspionier

Herbert Osborne Yardley (1889–1958) baute die US-Chiffrierabteilung auf. Seine Arbeit in den 1920er-Jahren half später beim Entschlüsseln des Ro-Codes.

Clevere Täuschung →

1943 fanden die Deutschen an der spanischen Küste eine Leiche, die sie für einen britischen Major hielten. Er trug Angriffspläne der Alliierten für Griechenland und Sardinien bei sich – ein Trick des britischen Geheimdienstes, denn das wahre Ziel der Alliierten war Sizilien. Die Täuschung klappte.

Entwertete Theaterkarten ließen die Geschichte des Majors glaubwürdig erscheinen.

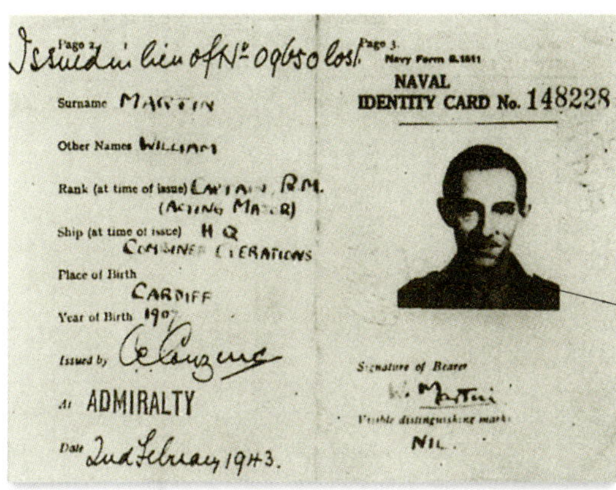

Issued in lieu of No. 09650 lost.

NAVAL IDENTITY CARD No. 148228

Surname MARTIN

Other Names WILLIAM

Rank (at time of issue) CAPTAIN, R.M. (ACTING MAJOR)

Ship (at time of issue) H Q COMBINED OPERATIONS

Place of Birth CARDIFF

Year of Birth 1907

Issued by [signature]

At ADMIRALTY

Date 2nd February 1943.

Signature of Bearer W. Martin

Visible distinguishing marks NIL.

„Major Martins" gefälschter Ausweis

Foto einer lebenden Person, die „Major Martin" ähnelte

↑ **Agentenring**
In solch einen hohlen Ring kann man einen Mikrofilm (S. 22–23) verstecken.

Versteckspiel

Ein weiter Mantel, unter dem der Attentäter den Dolch verborgen hält, – so stellt man sich den Spion früherer Zeiten vor. Auch heutzutage ist Tarnung für Spione wichtig. Am zweckmäßigsten ist es, möglichst normal auszusehen. Als Verstecke dienen alltägliche Gegenstände. So wird eine Botschaft, die in einer funktionierenden Batterie verborgen ist, auch bei genauer Untersuchung kaum entdeckt. Ein erfinderischer Spion kann sogar schwere Ausrüstung wie einen Panzermotor verstecken – oder eine entführte Person.

↑ **Bitte lächeln**
Getarnte Geheimkameras kamen in den 1880er-Jahren auf. Diese Armbanduhrkamera stammt von 1948. Auf die winzige Filmscheibe passen acht Fotos von der Größe eines Fingernagels.

Königliches Bierfass →
Die auf Befehl der englischen Königin Elisabeth I. inhaftierte schottische Königin Maria Stuart verschickte und erhielt Nachrichten in einem Bierfass. Sie steckte ihre Botschaften in einen wasserdichten Beutel und diesen in das Fass. Ihr Bote, der Doppelagent Gilbert Gifford, deckte die Sache auf (S. 41).

Maria Stuart

↑ **Mit Batteriebetrieb**
Dieses Versteck sieht aus wie eine Batterie. Es enthält eine echte Batterie, die Strom liefert, und ein Geheimversteck.

← **Digitaler Spionagestein**
Der britische Geheimdienst benutzte diesen digitalen „toten Briefkasten“ in einem falschen Stein, um Nachrichten zu empfangen und an einen Agenten in Moskau zurückzusenden. Digitale tote Briefkästen lassen sich weltweit übers Internet einrichten.

Dukes als Genosse Piotrovsky

Dukes als kränklicher Intellektueller

Dukes als bärtiger Arbeiter

Dukes als Epileptiker

←Agent ST 25

Der Brite Paul Dukes mit dem Agentennamen ST 25 war ein Meister der Tarnung. Er hielt sich 1917 während der Revolution in Moskau auf. Von der Tscheka (Geheimdienst) verfolgt, gab er sich als Tscheka-Offizier Piotrovsky aus.

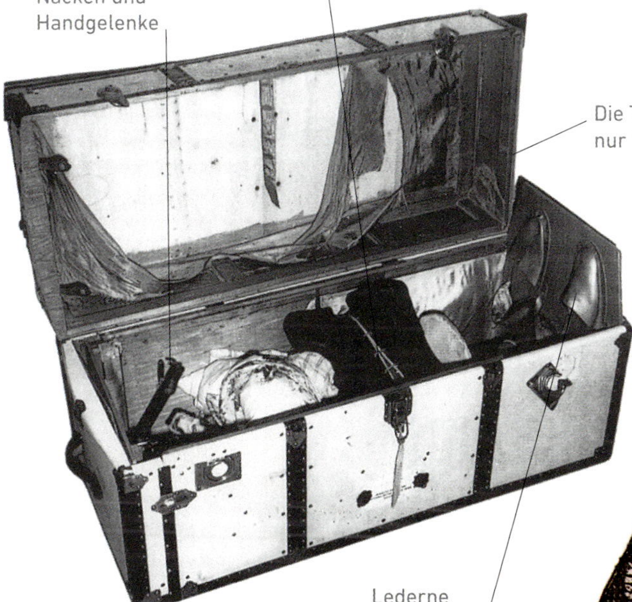

Klemmen für Nacken und Handgelenke

Kleiner Sitz

Die Truhe war nur 137 cm lang.

Lederne Fußfesseln

Menschenfracht↑

Der Israeli Mordecai Louk entging 1964 nur knapp dem Schicksal, als Diplomatengepäck von Rom nach Kairo geschickt zu werden. Ein Zollbeamter hörte sein Wimmern in der Kiste. Louk hatte in Italien für Ägypten spioniert.

Chevalier d'Eon

D'Eon klagte, er vergesse zuweilen, ob er den Kopfschmuck einer Frau oder den Helm eines Mannes trage.

Auf d'Eons Geschlecht wurden Wetten abgeschlossen.

↓Transvestit

Chevalier d'Eon (1728–1810) spionierte für König Ludwig XV. von Frankreich. Als Dame versuchte er das Vertrauen der russischen Zarin zu gewinnen und war Doppelagent für die Briten. Im Alter lebte er in London als Frau.

Spione im Krieg

Armeen im Krieg sind darauf angewiesen, dass Spähtrupps sie über die Stärke der feindlichen Truppen informieren. Spähtrupps bestehen nicht unbedingt aus Spionen, sondern vielfach aus Soldaten in Uniform. Wenn man sie fasst, werden sie als Kriegsgefangene inhaftiert. Spione dagegen tarnen sich, um nicht entdeckt zu werden. Wer im Feindesland in Zivil ertappt wird, muss damit rechnen, als Spion behandelt und bestraft zu werden – meist mit dem Tod. Dennoch waren in fast allen Kriegen Spione am Werk.

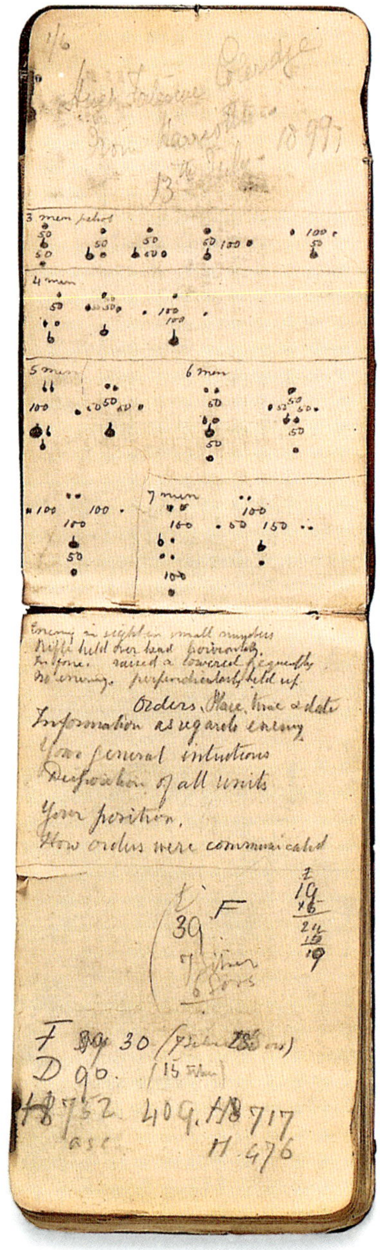

Major Coleridges Tagebuch vom 13. Juli 1899

Für den Süden →

Belle Boyd (1844–1900) verriet im amerikanischen Bürgerkrieg (1861–1865) militärische Geheimnisse, die sie von Nordstaaten-Offizieren in ihrem Haus in Virginia erfahren hatte, an die Südstaaten. Im Süden wurde sie als Heldin gefeiert.

↑ Tod eines Spions

Major John André (1751–1780) starb im amerikanischen Unabhängigkeitskrieg (1775–1783) als Spion am Galgen. Er hatte sich mit dem Kommandanten der Festung West Point getroffen, der das Fort den Briten übergeben wollte. André verkleidete sich als Zivilist, wurde aber von amerikanischen Milizen mit Geheimpapieren in seinen Stiefeln aufgegriffen.

Pinkerton's National Detective Agency "We never sleep."

↑ Dienstleistung

Während des amerikanischen Bürgerkriegs spionierte die Detektei Pinkerton im Auftrag von Präsident Lincoln für die Nordstaaten. Doch Pinkerton hatte keine Kriegserfahrung und seine Agenten waren oft ungeschickt und feige. 1862 gab Pinkerton den Auftrag daher zurück.

Coleridges Nachrichtenversteck: eine hohle Patrone

Krieg gegen die Buren↓

Im Burenkrieg (1899–1902) kämpften die Engländer gegen die Nachfahren der niederländischen Einwanderer (Buren), um die Herrschaft im heutigen Südafrika. Major H. P. Coleridge arbeitete als englischer Spion, doch der britische Geheimdienst erkannte nicht den Wert seiner Informationen über die Abwehr der Buren.

↑Plakativ

Obwohl im Ersten Weltkrieg die Spione meist weit hinter der Front operierten, waren sie sehr gefürchtet. Hier wird ein deutscher Spion von Franzosen abgeführt.

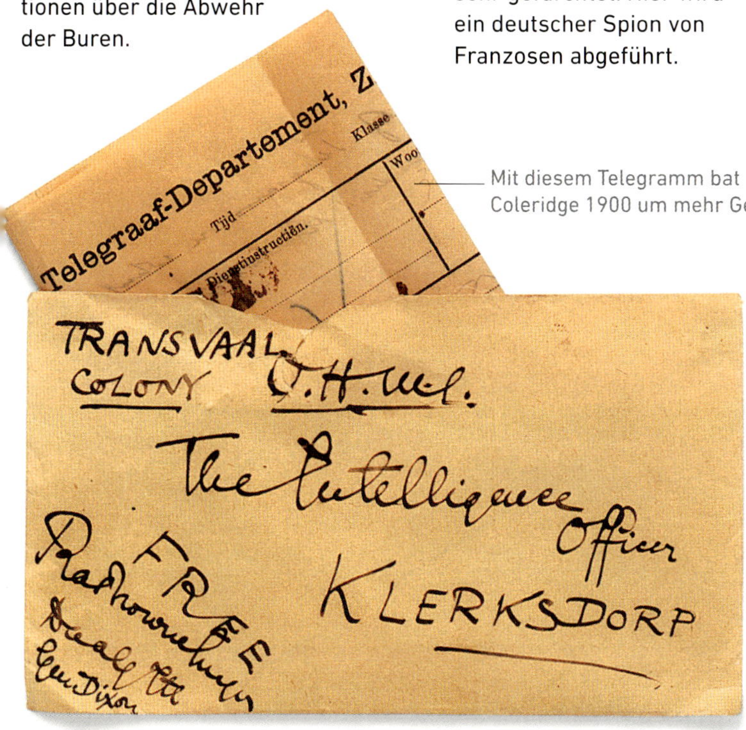

Mit diesem Telegramm bat Coleridge 1900 um mehr Geld.

Die gebürtige Französin Violette Szabo mit ihrem Mann Etienne

↑Treffsicher und tapfer

Violette Szabo, eine mutige Frau und hervorragende Schützin, wurde im Zweiten Weltkrieg britische Agentin, weil sie den Tod ihres Mannes rächen wollte. Bei ihrem zweiten Auftrag für die SOE wurde sie in Frankreich gefasst, als sie Telegrafenverbindungen kappte. Sie starb in einem deutschen Lager.

In der Schlacht von Antietam am 17. September 1862 fielen 12 000 Soldaten der Nordstaaten, hauptsächlich wegen falscher nachrichtendienstlicher Informationen. Pinkerton trat zurück.

Lincoln (Mitte) entließ auch seinen General.

Unglaublich→

Elyesa Bazna, gebürtiger Albaner, spionierte im Zweiten Weltkrieg unter dem Decknamen „Cicero" für Deutschland. Als Kammerdiener des britischen Botschafters in der Türkei öffnete er den Botschaftssafe und fotografierte geheime Codes, Listen britischer Spione und die Invasionspläne der Alliierten für Europa. Diese Dokumente wirkten aber so unglaubwürdig, dass die Deutschen sie nicht für echt hielten. Dennoch bezahlten sie Cicero ein Vermögen – in gefälschten Banknoten.

Ein zweites Leben

Nicht nur im Zweiten Weltkrieg hing das Leben vieler Agenten von ihrer Legende, ihrer zur Tarnung erfundenen Lebensgeschichte, ab. So war die französische Kinderschwester „Annette" in Wahrheit die Funkerin Yvonne Cormeau, die verschlüsselte Nachrichten nach England funkte. Die Agenten der britischen SOE mussten ihre Legende auswendig lernen und wurden dann in Frankreich eingeschleust.

↑Gift
Einige SOE-Agenten hatten Selbstmordpillen bei sich.

←Messer
Agentinnen und Agenten trugen Taschenmesser bei sich, um z. B. einen Autoreifen aufzuschlitzen.

Vermeintliche französische Streichholzschachtel

←Geschenk
SOE-Agenten nutzten Wertsachen, z. B. ein silbernes Zigarettenetui, um z. B. Beamte zu bestechen.

←Höchste Zeit
Agenten warteten bei Verabredungen nur kurz: Verspätung bedeutete Gefahr.

↑Karten
Die Landkarte aus Seide lässt sich klein zusammenfalten.

↑Minimorser
Ein Morsetaster passt in jede Handtasche.

↑Stecker
Mit Kristallsteckern konnte Cormeau an ihrem Sender die Frequenz einstellen.

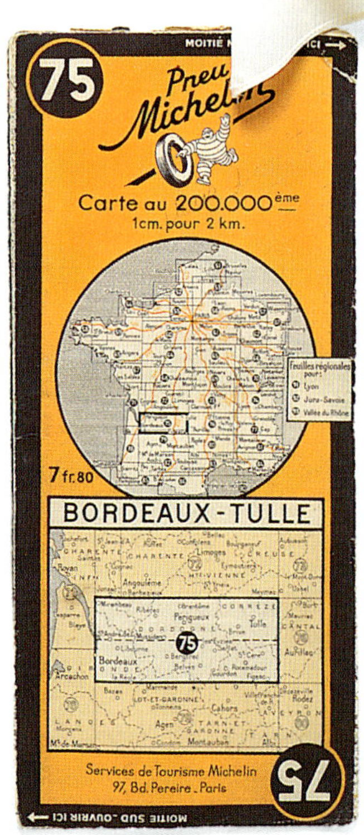

Jede Einzelheit der Kleidung passte zur Legende. Eine als einfache Angestellte getarnte Agentin trug billige Hüte wie diesen.

Die Kleider mussten im französischen Stil der 1940er-Jahre geschneidert sein.

Die SOE entfernte sorgfältig alle englischen Etiketten.

Die lederne Aktentasche gehörte zu Yvonne Cormeaus Legende als Gemeindeschwester.

Yvonne Cormeau, Funkerin der SOE →

Viele der hier abgebildeten Gegenstände gehörten der SOE-Agentin Yvonne Cormeau, Deckname „Annette". In der Nacht vom 22. auf den 23. August 1943 sprang sie mit einem Fallschirm über Frankreich ab und arbeitete von da an als Funkerin. Sie war sehr vorsichtig und blieb unentdeckt, bis die Alliierten Frankreich 1944 befreiten. Als sie in einem Zug zufällig einen anderen Agenten traf, widerstand sie der Versuchung ihn anzusprechen. Sie hatte gelernt, dass sie sich beide in Gefahr bringen würde, wenn er unter Beobachtung stand. Yvonne Cormeau wusste, wann sich ein Risiko lohnte. Während die meisten Funker ständig ihren Standort wechselten, blieb sie fast sechs Monate im selben Haus. Von ihren Fenstern konnte sie feindliche Fahrzeuge in 5 km Entfernung ausmachen.

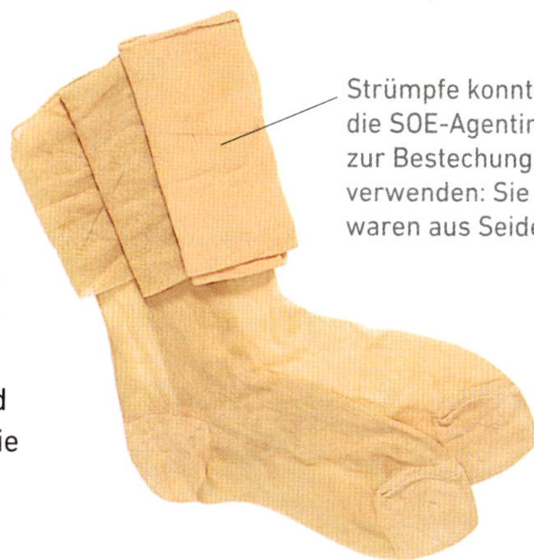

Strümpfe konnten die SOE-Agentinnen zur Bestechung verwenden: Sie waren aus Seide.

Wildlederschuhe

Doppelagenten

Doppelagenten sind Spione, die scheinbar für einen Geheimdienst arbeiten, in Wahrheit aber dessen Geheimnisse an den Gegner verraten. Doppelagenten leben sehr gefährlich. Viele sind enttarnte Spione, denen man Straffreiheit versprochen hat, wenn sie fortan für die andere Seite arbeiten. Diese Spione sind besonders wertvoll. Ihre neuen Arbeitgeber versorgen sie mit falschen, aber glaubwürdigen Informationen, die sie weiterleiten. Spione, die ihr Heimatland verlassen, um für ein anderes Land zu arbeiten, nennt man Überläufer. Je nachdem, welche Seite man fragt, sind Doppelagenten und Überläufer Helden oder Verräter.

↑ Tod eines Verräters

Die Japaner enttarnten den Agenten Richard Sorge für ihre deutschen Verbündeten. 1944 wurde er hingerichtet.

← Geehrt

Richard Sorge (1895–1944) nutzte während des Zweiten Weltkriegs seine Stellung an der deutschen Botschaft in Tokio, um Geheimnisse an die Russen weiterzugeben. Diese russische Briefmarke zeigt Sorge als Helden.

Aldrich und Rosario Ames nach ihren getrennten Spionageprozessen

↑ Alter Agentenführer

Der chinesische Feldherr Sun Zi erwähnt als einer der ersten Doppelagenten. Bereits im 4. Jh. v. Chr. schreibt er von Spionen, denen man falsche Informationen gab, die sie dem Feind übermitteln sollten.

↑ Russischer Spion bei der CIA

Neun Jahre lang war Aldrich Ames (geb. 1941) sowjetischer Agent, während er als Offizier bei der CIA arbeitete. Ames und seine Frau Rosario lieferten Moskau Einzelheiten über viele von der CIA angeworbene Agenten, sodass die Sowjets ein Netz von Doppelagenten aufbauen und die CIA täuschen konnten.

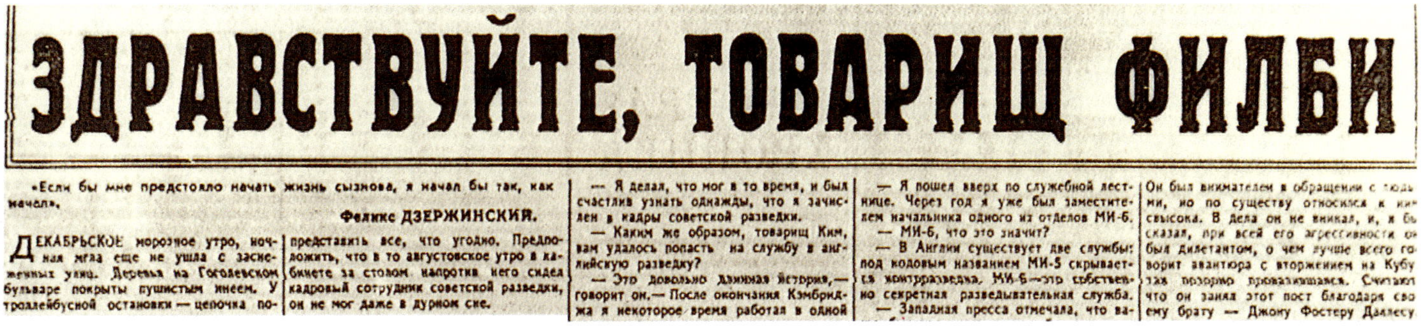

ЗДРАВСТВУЙТЕ, ТОВАРИЩ ФИЛБИ

«Если бы мне предстояло начать жизнь сызнова, я начал бы так, как начал».

Феликс ДЗЕРЖИНСКИЙ.

ДЕКАБРЬСКОЕ морозное утро, ночная мгла еще не ушла с заснеженных улиц. Деревья на Гоголевском бульваре покрыты пушистым инеем. У троллейбусной остановки — цепочка по- ... представить все, что угодно. Предположить, что в то августовское утро в кабинете за столом напротив него сидел кадровый сотрудник советской разведки, он не мог даже в дурном сне.

— Я делал, что мог в то время, и был счастлив узнать однажды, что я зачислен в кадры советской разведки.

— Каким же образом, товарищ Ким, вам удалось попасть на службу в английскую разведку?

— Это довольно длинная история, — говорит он. — После окончания Кэмбриджа я некоторое время работал в одной ...

— Я пошел вверх по служебной лестнице. Через год я уже был заместителем начальника одного из отделов МИ-6.

— МИ-6, что это значит?

— В Англии существует две службы: под кодовым названием МИ-5 скрывается контрразведка, МИ-6 — это собственно секретная разведывательная служба.

— Западная пресса отмечала, что ва- ...

Он был внимателен в обращении с людьми, но по существу относился к ним свысока. В дела он не вникал, и, я бы сказал, при всей его агрессивности он был дилетантом, о чем лучше всего говорит авантюра с вторжением на Кубу так позорно провалившаяся. Считают что он занял этот пост благодаря своему брату — Джону Фостеру Даллесу

↑Heldenempfang

Philby floh von Beirut nach Moskau. Die sowjetischen Zeitungen begrüßten ihn mit Überschriften wie „Sei gegrüßt, Genosse Philby."

Russischer Rentner→

Von 1963 bis zu seinem Tod 1988 lebte Philby in Moskau. Sein Verrat schädigte den Ruf des britischen Geheimdiensts.

↑Doppelagent

Harold „Kim" Philby (1912–1988) wurde während seines Studiums zum Kommunisten und spionierte seit 1933 für die Sowjetunion. Später ließ er sich vom britischen Geheimdienst MI6 anstellen. Nach 30 Jahren Agententätigkeit floh er nach Moskau. Hier das Arbeitszimmer seiner russischen Wohnung.

Hammer und Sichel, die Symbole der Sowjetunion

Orden von allen Seiten→

Dieses KGB-Verdienstabzeichen erhielt Philby bald nach seiner Ankunft in Moskau. Später belohnte ihn die Sowjetunion mit dem Orden vom Roten Banner. 18 Jahre zuvor hatte ihm der englische König Georg VI. nichtsahnend den Orden des britischen Empire verliehen.

Geheimdienst-Geheimnis↓

Als Leiter des KGB in London hatte Oleg Gordijewski (geb. 1938) Zugang zu den geheimsten Informationen über Spionage. Insgeheim verachtete er das Sowjetsystem und spionierte seit 1966 für den Westen. 1985 lief er zu den Briten über.

Gordijewski schrieb über seine Zeit beim KGB.

Gordijewski mit seinem Buch über den KGB

←Unerkannt

Igor Gouzenko (1919–1982) arbeitete in der Sowjetbotschaft in Ottawa (Kanada). Da er nicht in die UdSSR zurückkehren wollte, lief er mit Beweisen für sowjetische Spionage über. Bei diesem Interview verbarg er sein Gesicht, um nicht erkannt zu werden.

Geheimwaffen

Zu allen Zeiten haben Agenten auch Waffengewalt eingesetzt, um ihre Ziele zu erreichen. Schusswaffen und Messer wurden oft sehr erfinderisch verborgen. Im Kalten Krieg (S. 38–39) verübten beide Seiten – der Warschauer Pakt und der Westen – Attentate auf Persönlichkeiten, die ihnen im Wege standen. Einige Aktionen waren erfolgreich, andere misslangen: Die CIA versuchte zweimal vergeblich, den kubanischen Präsidenten Fidel Castro zu vergiften. Es soll auch einige recht ungewöhnliche Attentatspläne gegeben haben: tödliche Bakterien in Castros Zigarre oder eine Bombe, versteckt in einer Muschel, die Castro beim Baden im Meer töten sollte.

Hier oben am Griff war der Abzug, mit dem das Schirmgewehr ausgelöst würde.

Ein Gasbehälter macht den Schirm zur Luftdruckwaffe.

Kugel mit winzigen, Gift gefüllten Löchern

Georgi Markov 1978

← Schießender Schirm

Nachdem der in London lebende Bulgare Georgi Markov 1978 die Führung seines Heimatlandes kritisiert hatte, spürte er eines Tages auf dem Heimweg einen stechenden Schmerz. Drei Tage später war Markov tot. Ein bulgarischer Agent hatte mit einem Spezialschirm eine vergiftete Kugel auf ihn abgefeuert.

Gefährliche Stifte →

Agenten der britischen SOE benutzten diese Stifte, um ihre Feinde außer Gefecht zu setzen und ihnen stärkere Waffen abzunehmen. Der linke Stift enthält ein Stilett (kleiner Dolch). Der rechte kann eine einzige Kugel abschießen.

Durch die Löcher im Bleistift ist die Klinge sichtbar.

Geringe Treffsicherheit ohne Zielvorrichtung

Umgebaute 6,35-mm-Pistole von Webley & Scott

Verkürzter Lauf

Abzugsbügel

← Pistolengürtel

Diese kleine Pistole aus dem Zweiten Weltkrieg wurde an einem Gürtel unter der Kleidung getragen. Um sein Opfer sicher zu treffen, musste sich der Attentäter in dessen unmittelbarer Nähe befinden. Eine Abzugsvorrichtung verlief von der Schnalle zum Ärmel des Mantels, der die Pistole verbarg. So konnte der Spion unbeobachtet zielen und abdrücken.

Reifenschlitzer →

Mit solchen Klingen wurden Autoreifen aufgeschlitzt. So konnte sich ein Spion auf der Flucht mit einem schnellen Schlitz wertvolle Minuten Vorsprung verschaffen. Saboteure schlitzten damit alle Reifen einschließlich des Reserverads auf.

Die Klinge hing an diesem Band am Hals.

Klinge an Ring

Ringrevolver →

Geheimwaffen gibt es schon lange. Der gut ausgerüstete französische Spion des 19. Jh. trug einen winzigen, an einem Ring befestigten Revolver bei sich.

Die kleine Pistole hat nur eine geringe Reichweite.

Mit der Ringpistole kann man fünf Kugeln abfeuern.

↓ Gefährlich

Wenn ein Agent mit dieser raffinierten Handschuhpistole schoss, musste er sehr genau zielen. Die Kugel konnte ihm leicht die Finger abreißen. Der amerikanische Marinegeheimdienst stellte diese Waffe im Zweiten Weltkrieg her.

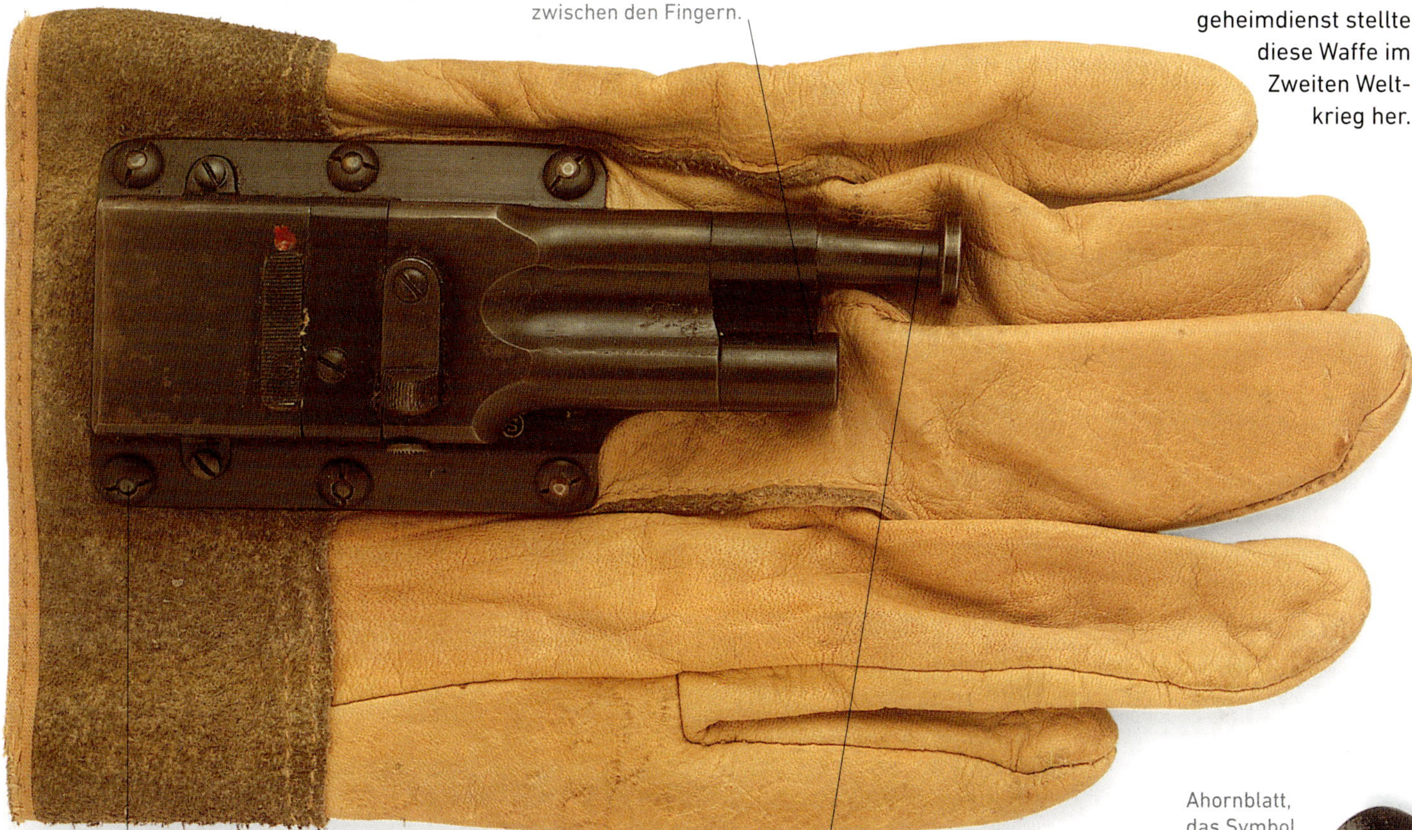

Der Lauf steckte zwischen den Fingern.

Die Pistole ist an einem Lederhandschuh befestigt.

Um den Schuss auszulösen, drückte man den Lauf gegen das Opfer.

Gut versteckt →

Früher verstärkte man Schuhabsätze mit Eisen. Diese unter dem Eisen verborgenen Klingen sollten einem gefesselten Spion zur Flucht verhelfen. Klingen verbarg man auch in Münzen. Die Spione hofften, ihre Bewacher würden ihnen nur die wertvollen Geldscheine abnehmen.

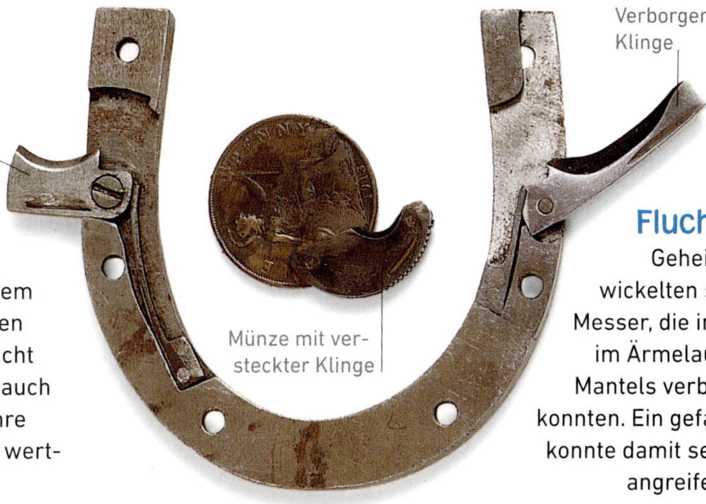

Verborgene Klinge

Verborgene Klinge

Münze mit versteckter Klinge

Fluchthelfer →

Geheimdienste entwickelten solche kleinen Messer, die im Revers oder im Ärmelaufschlag eines Mantels verborgen werden konnten. Ein gefangener Spion konnte damit seine Bewacher angreifen und fliehen.

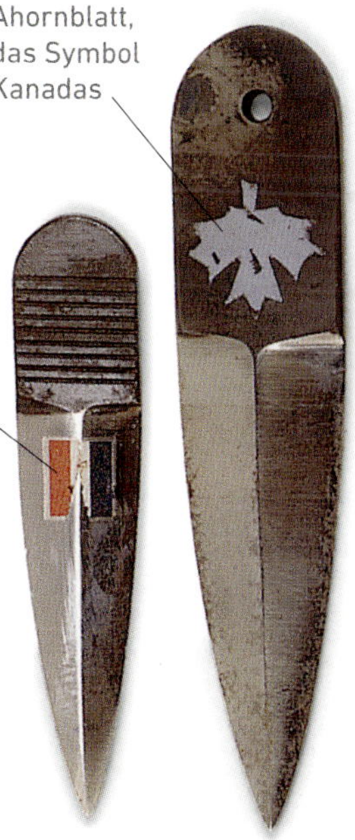

Ahornblatt, das Symbol Kanadas

Französische Trikolore

Der Kalte Krieg

Als der Zweite Weltkrieg 1945 zu Ende ging, begann für die Geheimagenten ein goldenes Zeitalter. Eine politische Grenze, der „Eiserne Vorhang“, zerschnitt Europa in zwei Hälften. Der Osten war kommunistisch: Die Sowjetunion und ihre Verbündeten, die Warschauer-Pakt-Staaten, strebten eine klassenlose Gesellschaft an und wurden diktatorisch regiert. Den von der Großmacht USA unterstützten Westen prägten freie Marktwirtschaft und Demokratie. Aus ihrer Rivalität erwuchs der Kalte Krieg. Ost und West rüsteten um die Wette und sandten Spione aus, um die Pläne der jeweils anderen Seite auszukundschaften. Die Angst vor einem Atomkrieg sorgte dafür, dass bei den Geheimdiensten das Geld nicht knapp wurde. 1989 ging der Kalte Krieg zu Ende, beide Teile Deutschlands wurden 1990 wiedervereinigt und der Warschauer Pakt zerbrach.

↑ Untergetaucht

USA und UdSSR bauten für Spionagesatelliten unsichtbare U-Boote, die sogenannte *Trident*-Raketen unter Wasser abschießen konnten. Rüstungsgegner vermuteten, die Raketen seien auf Städte gerichtet.

Charakteristischer Atompilz

← Bombentest

Die USA testeten ihre Atombomben in der Wüste von Nevada. Die Aussicht, mit diesen Bomben die ganze Menschheit vernichten zu können, führte zu der Einsicht, dass ein Atomkrieg keiner Seite nützen würde.

↓ Tödliche Sicherheit

Im Kalten Krieg setzten die Politiker auf die Möglichkeit gegenseitiger Vernichtung. Wenn jede Seite genügend Bomben besäße, um die andere völlig zu zerstören, so glaubte man, würde keine Seite den Krieg riskieren. Beide Supermächte bauten riesige Raketen mit atomaren Sprengköpfen. Diese *Titan II* warten in einem Lager auf ihre Umrüstung für eine friedliche Nutzung, nämlich den Transport von Satelliten.

Eine Mauer teilt Europa →

Während des Kalten Kriegs war Berlin die Hochburg der Spione. Nach dem Krieg war die deutsche Hauptstadt geteilt worden und die Westmächte erhielten die Kontrolle über Westberlin: quasi eine Insel in der Sowjetzone. Um Menschen an der Flucht in den Westen zu hindern, baute die DDR 1961 die Berliner Mauer. Der Fall der Mauer 1989 symbolisiert das Ende des Kalten Kriegs.

Unter dem Jubel der Menge schlugen viele mit Hammer und Meißel Stücke aus der Mauer.

↑Austausch am Checkpoint

Enttarnte Spione erwartete ein langer Gefängnisaufenthalt oder die Todesstrafe, es sei denn, beide Seiten vereinbarten einen Gefangenenaustausch, wie hier an einem Berliner Grenzübergang.

U2-Pilot Gary Powers nach seinem Abschuss 1960

←Abgeschossen

Bevor es Spionagesatelliten gab, schickten die USA *U2*-Flugzeuge über den Eisernen Vorhang, um Luftaufnahmen zu machen. Die Sowjetunion schoss 1960 eines dieser Flugzeuge ab. Der CIA-Pilot Gary Powers musste seine 10-jährige Strafe nicht absitzen, da ihn die Sowjets 1962 gegen Rudolph Abel austauschten.

Geteiltes Europa↓

Fast alle westlichen Länder Europas gehörten der NATO (North Atlantic Treaty Organization) an. Der Warschauer Pakt umfasste die kommunistischen Länder unter Führung der UdSSR.

Die Sowjetunion löste sich 1991 in 15 verschiedene Staaten auf.

Die Tschechoslowakei und Jugoslawien spalteten sich auch in mehrere kleine Staaten auf.

Eiserner Vorhang
Neutrale Länder
Weitere kapitalistische Staaten
NATO-Vollmitglieder
Weitere kommunistische Staaten
Warschauer-Pakt-Staaten
Sowjetunion

Nach der Wiedervereinigung war die Mauer bald mit Graffiti übersät.

↑Sieg dank Spionen
Der Römer Scipio Africanus (236–184 v. Chr.) errang einen leichten Sieg über die Stadt Neukarthago, weil er durch Spione wusste, dass das karthagische Heer noch zehn Tagesmärsche entfernt war.

Dunkle Mächte

Spionagechefs haben gewaltigen Einfluss. Die Geheimhaltung als oberstes Prinzip bringt es mit sich, dass sie gefährliche Macht ausüben können. Die Arbeit der Geheimdienste wird meist von einem Parlamentsausschuss überwacht, dessen Mitglieder allerdings nicht immer eine genaue Vorstellung davon haben, was die Spione tun. Früher erhielten die Geheimdienste ihre Befehle direkt vom König bzw. der Königin. Doch mitunter waren die Machtverhältnisse in Wahrheit wohl umgekehrt. Im 20. Jahrhundert beherrschten die Chefs der östlichen Geheimdienste zeitweise ganze Nationen und auch im Westen gab es Auswüchse. Heute geht man offener mit den Geheimdiensten um, doch die Namen der Spione gehören nach wie vor zu den bestgehüteten Geheimnissen.

←Heimliche Macht
Kardinal Wolsey (1475–1530) wurde als Geheimdienstchef König Heinrichs VIII. der mächtigste Mann Englands. Wolseys Spione öffneten die Diplomatenpost aus Venedig und anderen Staaten, woraufhin die Diplomaten begannen, ihre Briefe zu verschlüsseln.

Wolsey übte jahrelang großen Einfluss auf Heinrich VIII. aus.

↓Lautlos und unsichtbar
Im Japan des 12. Jh. wurden Ninja (japanisch für „sich unsichtbar machen") als Spione und Attentäter eingesetzt. General Takeda Shingen ließ sich aus Furcht vor ihnen einen zweiten Toilettenausgang bauen.

Geheimpolizei des Großmoguls↑
Der Mogulkaiser Akbar herrschte 1556–1605 über das Indische Reich. In seinen Diensten standen über 4000 Spione, deren Berichte ihm allabendlich über einen „Nationalen Sicherheitsrat" zugingen.

Iwan der Schreckliche→
Der erste russische Zar, Iwan IV. (1530–1584), regierte mithilfe seiner Leibwache, den Opritschniki. Offiziell waren sie der Geheimdienst, in Wahrheit aber Gangsterbanden, die ganze Kommunen terrorisierten und ohne Furcht vor Strafe mordeten und folterten.

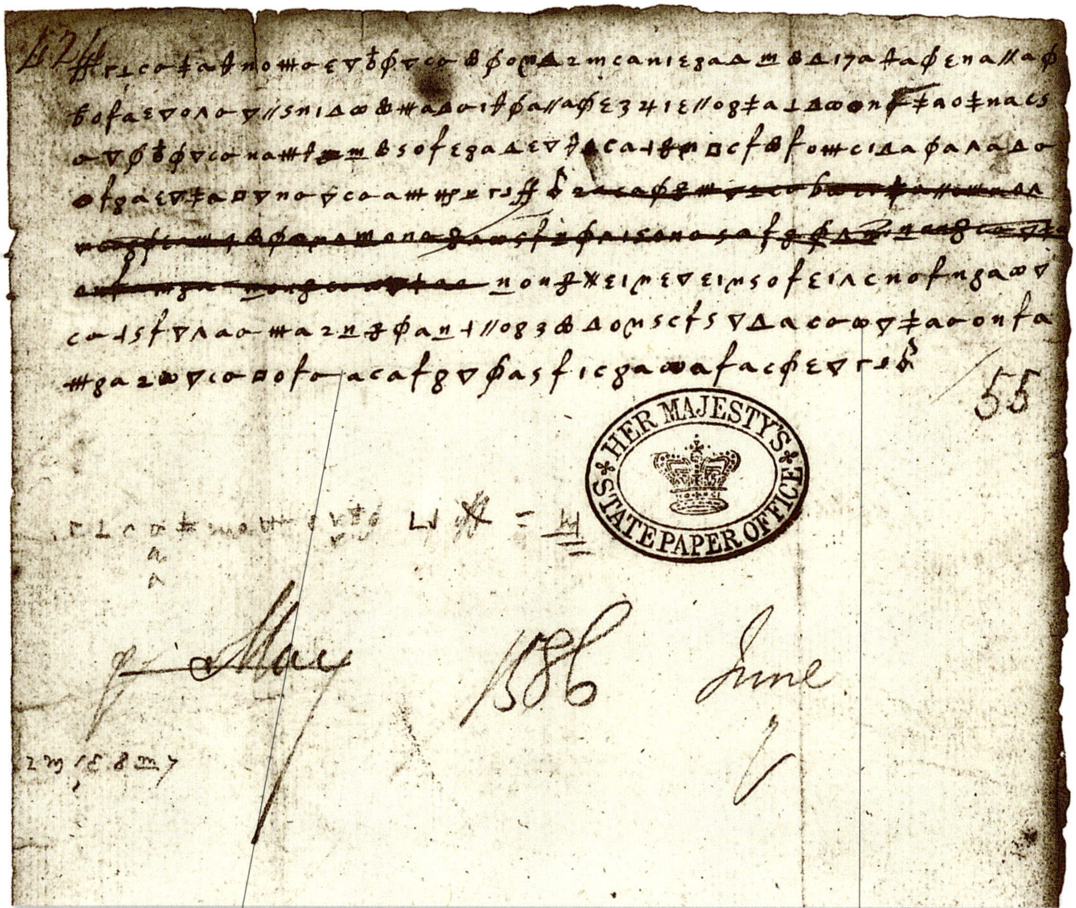

Walsinghams Agenten fügten einen Absatz hinzu, in dem sie die Namen der Verschwörer erfragten.

Der Brief ist in einem einfachen Code geschrieben.

↑ Verdienste

Francis Walsingham (um 1532–1590), „Vater" des englischen Geheimdienstes, verhinderte ein Attentat auf Königin Elisabeth I. Abgefangene Briefe bewiesen eine Beteiligung der inhaftierten schottischen Königin Maria Stuart. Sie wurde 1587 hingerichtet.

Machtmensch ↓

J. Edgar Hoover war fast 50 Jahre lang Chef des FBI, zu dessen Aufgaben die Spionageabwehr in den USA gehört. Doch Hoovers Agenten schnüffelten auch im Privatleben von Politikern. Hoover nutzte deren „schmutzige Geheimnisse", um seine Macht zu festigten.

↑ Der Rote Kardinal

Kardinal Richelieu (1585–1642) gründete das *Schwarze Kabinett*, die erste Geheimpolizei Frankreichs.

← Chef-Spion

Alfred Redl (1846–1913) hatte als Chef der österreichischen Spionageabwehr glänzende Erfolge. Allerdings spionierte er 10 Jahre lang für Russland, um mit seinem Agentenlohn seinen aufwendigen Lebensstil zu finanzieren. Als er enttarnt wurde, erschoss er sich.

Wolf im Schafspelz →

Markus Wolf, der „Mann ohne Gesicht", war der brillante Chef der Auslandsaufklärung der Stasi, der Geheimpolizei der DDR. Der persönliche Referent von Bundeskanzler Willy Brandt (1913–1992), Guillaume, war ein von Wolf angeworbener Stasi-Agent.

Geheimdienste

Die meisten Länder haben Organisationen zur Abwehr und Kontrolle politischer, militärischer und wirtschaftlicher Spionage: die Geheimdienste (S. 62–63). Wer hat noch nicht von der amerikanischen CIA gehört, vom Secret Service (M15 und MI6) der Briten oder vom russischen KGB? Für Deutschland spioniert der Bundesnachrichtendienst (BND). Berühmt-berüchtigt war die Stasi der DDR. Die Geheimdienste beschäftigen neben Spionen auch Analytiker, die zum Beispiel ausländische Medien auswerten. Im Zweiten Weltkrieg fiel russischen Analytikern auf, dass die USA Silber horteten und Zeitschriften über Atomphysik beschlagnahmten. Sie vermuteten richtig, dass die USA eine Atombombe entwickelten.

Wappen der CIA

Hüter der Vereinigten Staaten ↑

Die CIA (Central Intelligence Agency) ist seit 1947 der Auslandsgeheimdienst der USA, der auch für die Gegenspionage im Ausland zuständig ist. Die weniger bekannte NSA (National Security Agency), die dem Verteidigungsministerium untersteht, ist größer als die CIA und befasst sich mit der Nachrichtenübertragung – mit Codes, der Chiffrierung und dem Abhören von Ferngesprächen. Eine weitere Organisation, der United States Secret Service, ist für den Schutz des Präsidenten verantwortlich.

Die Stasi ↓

Bis 1990 war der SSD (Staatssicherheitsdienst), die „Stasi", die Geheimpolizei der DDR. Die DDR-Bürger hatten allen Grund die Stasi zu fürchten: Sie beschäftigte 91 000 Menschen (1989) und bespitzelte etwa ein Drittel der Bevölkerung. Sie legten Unterlagen mit Informationen zu einzelnen Bürgern an.

Abzeichen des MI5, der Spionageabwehr Großbritanniens

Spionagekamera mit Stasi-Emblem

Geheimdienstchefin →

Großbritannien hat zwei Geheimdienste: für die Abwehr zu Hause den MI5, für Spionage im Ausland den MI6. 1992 trat mit Stella Rimington die erste Frau an die Spitze eines großen Geheimdiensts. Bis 1995 leitete sie den 1906 gegründeten MI5. Die entsprechenden Aufgaben in Deutschland erfüllen der Bundesnachrichtendienst (BND) und der Geheimdienst der Verfassungsschutzämter. Diese Geheimdienste arbeiten, anders als die Stasi ohne Bindung an eine politische Polizei.

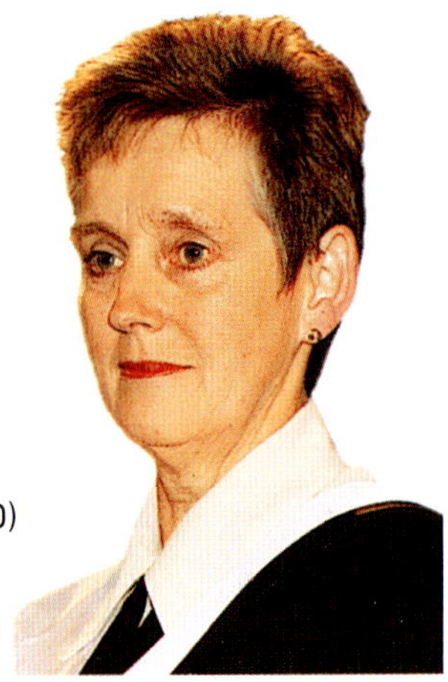

Abzeichen der KGB-Agenten

KGB & Co. ↑

Nach dem Zusammenbruch der Sowjetunion wurde der Geheimdienst KGB 1991 in Russland durch neue Organisationen abgelöst: den Auslandsnachrichtendienst SWR und den im Inland tätigen Föderalen Sicherheitsdienst (FSB).

Israels Geheimdienst →

Israel hat außerordentlich effektive Geheimdienste. Der 1949 gegründete Mossad ist für die Auslandsspionage und die Bekämpfung von Feinden Israels im Ausland verantwortlich, Schin Bet (Sicherheit und Spionageabwehr) für die innere Sicherheit.

Abzeichen des Mossad

Vanunus verzweifelte Botschaft über seine Entführung in Rom

← Im Einsatz

Als der Wissenschaftler Mordechai Vanunu enthüllte, dass Israel Atombomben baut, entführte ihn der Mossad von Italien nach Israel. Schon in Gewahrsam schrieb Vanunu eine Nachricht über seine Entführung für die Presse auf seine Handfläche.

↑ Hauptziel

Anders als in Film und Fernsehen ist die Tätigkeit von Geheimdiensten selten auf Mord ausgerichtet. Spione wollen Geheimnisse, keine Leichen. Im 20. Jh. führte der russische KGB allerdings viele Morde im Ausland durch, während die CIA für ihre fantasievollen, aber erfolglosen Pläne berühmt war, den kubanischen Staatschef Fidel Castro umzubringen.

DGSE-Agenten verteidigen sich im Ausland mit solchen automatischen Waffen.

7,65-mm-Pistole von Manurhin

← Schutz für Frankreich

Wie viele andere Länder verteilt auch Frankreich seine Geheimdienstarbeit auf verschiedene Organisationen. Die Direction Générale de la Sécurité Extérieure (DGSE) arbeitet im Ausland, die Direction de la Surveillance du Territoire (DST) im Inland. Letztere war in den frühen 1980er-Jahren verantwortlich für die Ausweisung von 47 sowjetischen Diplomaten, die sich der Spionage verdächtig gemacht hatten.

↑Falsches Spiel
Es kommt vor, dass Firmen ihre Geschäftspartner ausspionieren, z. B. mittels verwanzter Aktentaschen.

Überwachung

Spione gibt es auch in der Wirtschaft. Geschäftsgeheimnisse sind möglicherweise für Konkurrenzfirmen interessant und um an sie heranzukommen bedient man sich oft der Angestellten oder fremder Agenturen. Industriespione benutzen die gleichen Methoden wie Geheimagenten. Zum Schutz wichtiger Dokumente müssen Firmen daher eine Spionageabwehr (S. 48–49) aufbauen. Die hier abgebildeten Ausrüstungen dienen dem Schutz von Geschäftsgeheimnissen. Man kann damit auch die eigenen Beschäftigten abhören, was in Deutschland allerdings streng verboten ist.

Spionagesoftware→
Per Spionagesoftware lassen sich die Computer von Firmen, Behörden und Privatpersonen durchsuchen. Die Software infiziert, z. B. als Foto- oder Musikdatei getarnt, den Computer und sendet Kopien der Daten übers Internet an den Spion.

Krokodilklemmen zapfen Telefonkabel an.

↑Wanze am Arbeitsplatz
Telefone sind ideale Verstecke für Wanzen. Das Telefon hat eine eingebaute Energieversorgung und eine Verbindung zu einer Telefonleitung außerhalb des Gebäudes, um Gespräche aufzuzeichnen.

←Laut und deutlich
Ein Verkäufer kann einen Kunden mittels einer Wanze und der Autoantenne von seinem Wagen aus abhören. Am folgenden Tag kann er dann die Verhandlungen mit entsprechend abgestimmter Strategie fortsetzen.

↑ **Durchs Schlüsselloch**
Viele amerikanische Firmen überwachen ihre Beschäftigten heimlich mit Videokameras. Die kleinsten Objektive sind kleiner als ein Streichholzkopf.

↑ **Verraten durch Video**
Das FBI benutzte 1979 Videokameras, um in einem Korruptionsfall Beweise zu sammeln. Das Video belegte, dass Mitglieder des US-Parlaments Bestechungsgelder angenommen hatten.

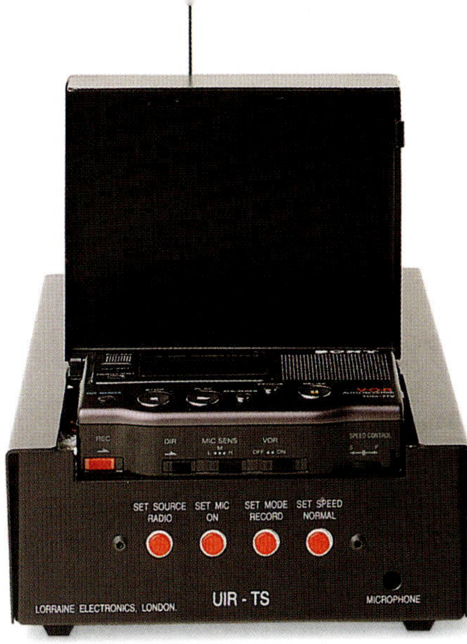

↑ **Weltweit auf Empfang**
Ein angezapftes Telefon kann man weltweit abhören. Dafür muss der Spion zunächst die Abhörvorrichtung in der Telefonleitung anbringen. Die Wanze wird angeschaltet, wenn er die Rufnummer des entsprechenden Telefons wählt und zusätzlich ein Startsignal sendet. Auf das Signal hin hört das Telefon auf zu läuten. Dann kann der Spion, meist über das Hörermikrofon, alle Gespräche im Raum abhören.

↑ **Datendiebstahl per USB-Stick**
Ein USB-Stick kann von einem Spion zum heimlichen Kopieren Hunderttausender Dokumentseiten benutzt werden, die in einem Computernetzwerk gespeichert sind. Die meisten Geheimdienste entfernen die USB-Anschlüsse von ihren Computern, um Datendiebstahl zu verhindern.

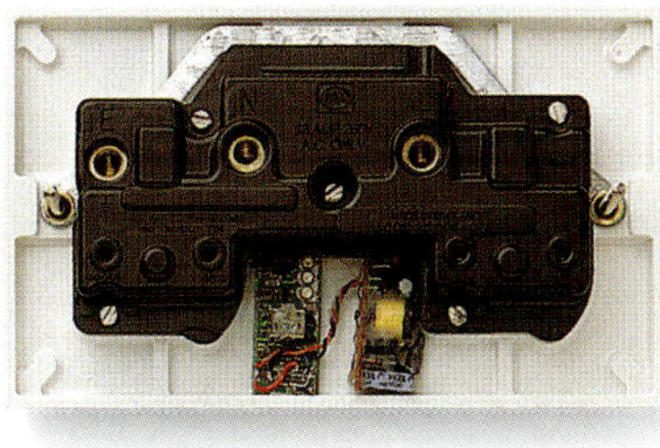

↑ **Wanze in der Wand**
In einer Steckdose sind Wanzen perfekt getarnt. Wenn sie ihre Signale über das Stromnetz senden, kann man über einen im selben Stromkreis angeschlossenen Empfänger jedes Gespräch verfolgen.

← **Roboteraugen**
Überwachungskameras begegnet man manchmal auf Straßen und Plätzen. Auch manche Firmen überwachen ihre Büros mit solchen Kameras, um frühzeitig verdächtige Aktivitäten zu erkennen. Spione können die digitalen Speicher der Kameras „hacken" und die Firma aus sicherer Entfernung ausspähen.

Wirtschaftsspionage

Der Zweig der Wirtschaftsspionage wächst gewaltig, neu ist er allerdings nicht. Ein Beispiel ist die Seide: Jahrhundertelang kannten nur die Chinesen das Herstellungsgeheimnis dieses Luxusstoffs, bis im 6. Jahrhundert zwei Mönche Seidenraupen und Samen der Futterpflanzen aus China herausschmuggelten. Wirtschaftsspionage wird zuweilen von Regierungen gefördert, wenn sie den Interessen des Landes dient. Gewöhnlich aber sind es Firmen, die Spione beauftragen, um die Konkurrenz zu schädigen. Erfolgreiche Spione kommen an Pläne, Lieferanten- und Kundenlisten. Selbst eine vor der Veröffentlichung vorliegende Preisliste kann dazu dienen, den Konkurrenten aus dem Geschäft zu drängen.

Spionage? →

Eine der häufigsten Formen der Wirtschaftsspionage findet beim Wechsel eines Mitarbeiters zur Konkurrenz statt. General Motors verdächtigte José Ignacio Lopez der Industriespionage, als dieser zu VW wechselte: Lopez hätte Tausende von Fotos und Plänen für den damals noch geheimen Opel Vectra mitgenommen.

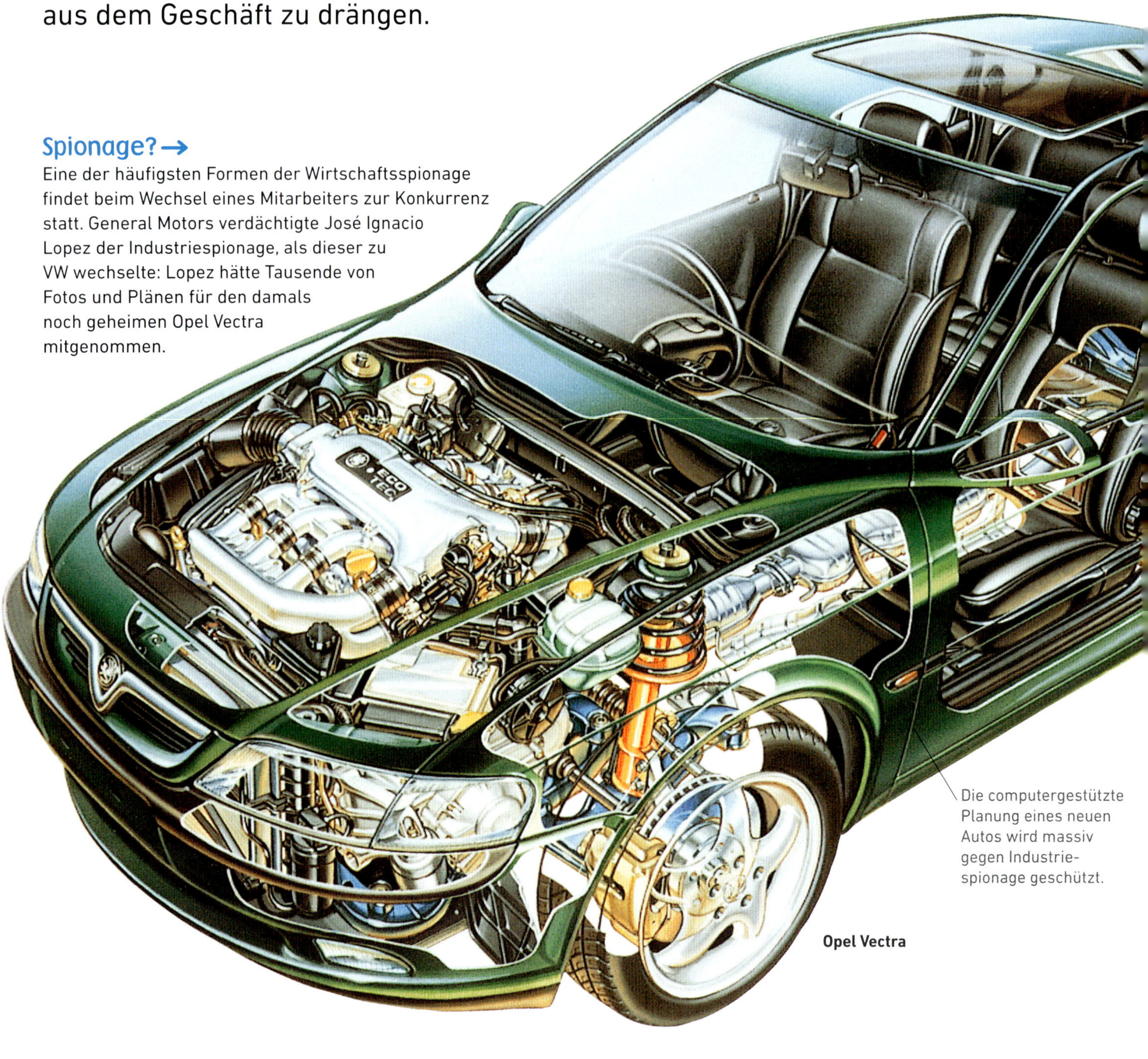

Die computergestützte Planung eines neuen Autos wird massiv gegen Industriespionage geschützt.

Opel Vectra

In Europa verursachen Audio-, Software- und Videopiraten jährlich Verluste von Milliarden von Euro.

←Unterhaltungsindustrie

Piraterie (illegales Kopieren) und Wirtschaftsspionage schmälern die Gewinne der Unterhaltungsindustrie. Aufwendige Sicherheitsmaßnahmen sollen gewährleisten, dass Filme und Songs bis zu ihrer Veröffentlichung geschützt bleiben. Dennoch gelingt es gelegentlich, Aufzeichnungen zu stehlen: So machten Piraten Tausende von Kopien des James-Bond-Films *Casino Royale* und verkauften sie noch vor der Premiere in Asien.

Noch im Stadium des Entwurfs ist die neue Mode Ziel von Spionage.

Das damals neuartige Scheibenbremssystem könnte das Interesse der Konkurrenz geweckt haben.

↑Kleiderklau

Der Diebstahl von Ideen ist in der Bekleidungsindustrie ein großes Geschäft. Angestellte können Muster kopieren und an andere Modeschöpfer verkaufen. Es ist auch möglich, Schnitte nach Zeichnungen und Fotos von einer Modenschau zu rekonstruieren.

Computerspion→

1981 fasste das FBI den Ingenieur Kenji Hayashi mit Unterlagen über IBM-Computerlaufwerke. Die japanische Firma Hitachi hatte ihm 0,5 Mio. Dollar zur Bestechung von IBM-Mitarbeitern zur Verfügung gestellt. Hitachi musste das 60-Fache als Schadensersatz an IBM zahlen.

Industriediamanten→

Ein Industriespion bei General Electric erhielt 1 Mio. Dollar im Jahr für die Weitergabe eines Geheimverfahrens zur Herstellung von Industriediamanten an eine südkoreanische Firma. Durch diesen Diebstahl sparten die Koreaner die Lizenzgebühren und gewaltige Forschungsausgaben. General Electric deckte den Fall 1992 auf.

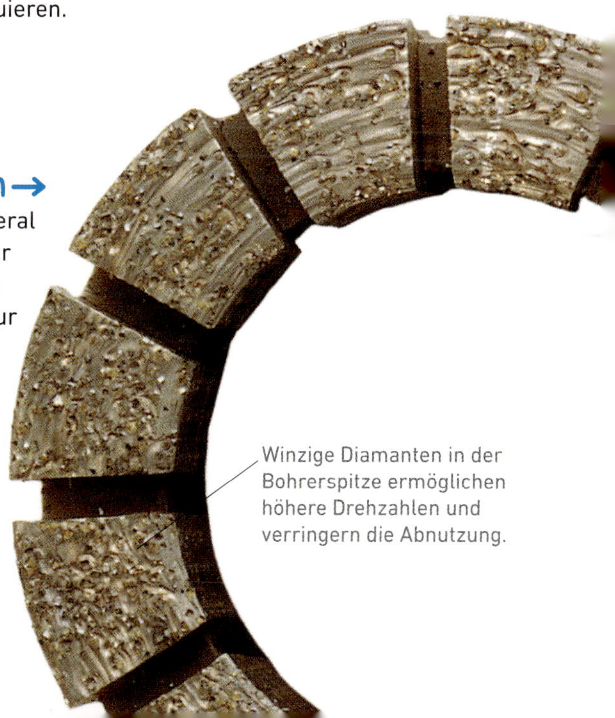

Winzige Diamanten in der Bohrerspitze ermöglichen höhere Drehzahlen und verringern die Abnutzung.

Spionageabwehr

Wanzen, angezapfte Telefone und die dazugehörigen Spione sind heutzutage schwer zu entdecken – zumal vieles sich im Internet abspielt. Dies ist die Aufgabe der Spionageabwehr. Die Enttarnung eines Agenten führt nicht immer zu seiner Verhaftung, denn wenn er sich unbeobachtet fühlt, kann er eine interessante Informationsquelle sein: Nach welchen Informationen sucht die Gegenseite und welche Methoden setzt sie ein? Mit diesen Kenntnissen können dann weitere Agenten enttarnt werden. Die Spionageabwehr benutzt enttarnte Spione auch, um der Gegenseite Falschinformationen zu übermitteln. Manchmal kann sie auch einen ertappten Agenten „umdrehen“, sodass er fortan als Doppelagent gegen seinen ehemaligen Dienstherrn arbeitet.

Telefon mit Verwürfelungsmaschine

← Telefongeheimnis

Während des Kalten Kriegs nutzte man sogenannte Verwürfelungsmaschinen, um abhörsicher zu telefonieren. Ein solches Gerät zerhackt die Sprache in kurze Bruchstücke. Das Zusatzgerät am Empfängertelefon kehrt den Vorgang um. Moderne digitale Geräte schützen mittels Verschlüsselungssoftware Gespräche übers Internet gegen Lauschangriffe.

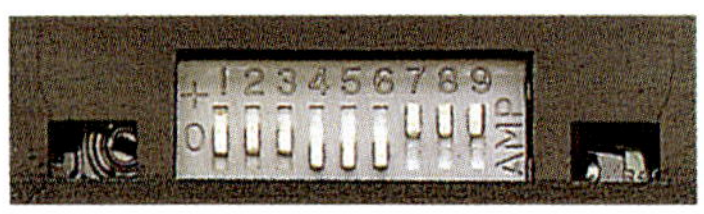

↑ Verständigung

Der Anrufer wählt mit einer Reihe winziger Schalter denselben Code wie der Empfänger des Telefonats.

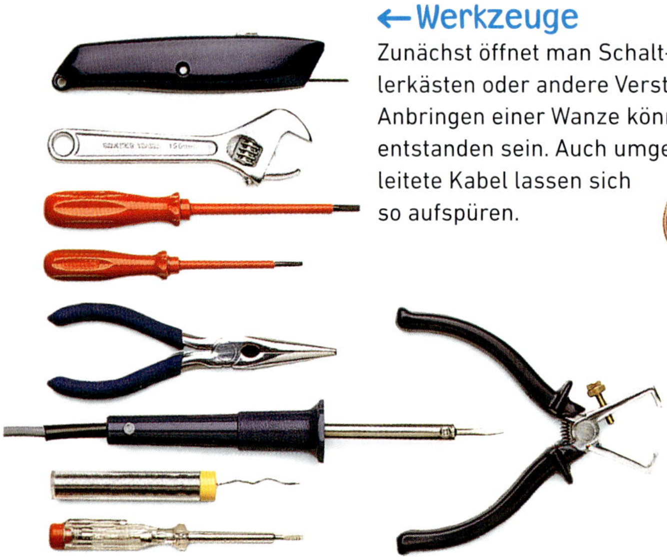

← Werkzeuge

Zunächst öffnet man Schalt- und Verteilerkästen oder andere Verstecke. Beim Anbringen einer Wanze könnten Kratzer entstanden sein. Auch umgeleitete Kabel lassen sich so aufspüren.

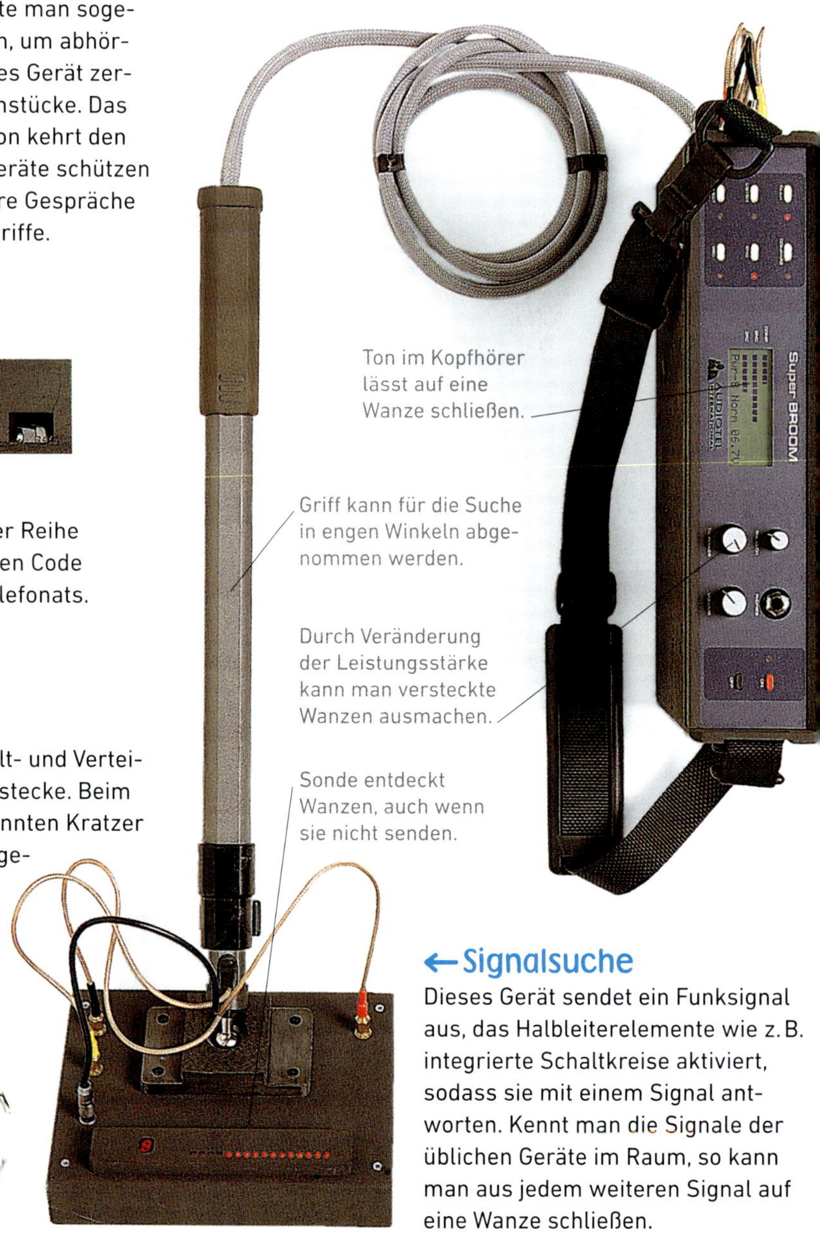

← Signalsuche

Dieses Gerät sendet ein Funksignal aus, das Halbleiterelemente wie z. B. integrierte Schaltkreise aktiviert, sodass sie mit einem Signal antworten. Kennt man die Signale der üblichen Geräte im Raum, so kann man aus jedem weiteren Signal auf eine Wanze schließen.

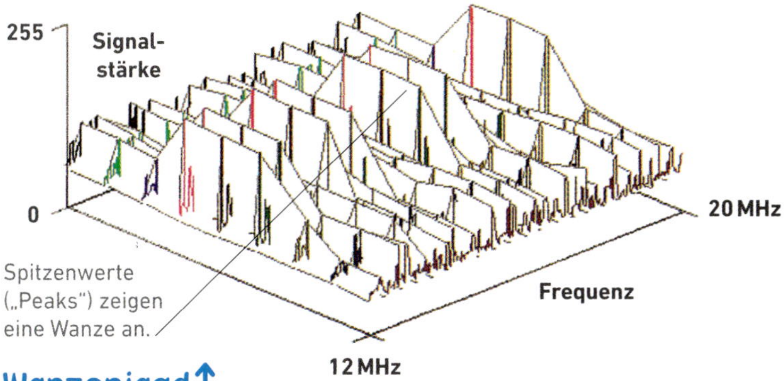

Spitzenwerte („Peaks") zeigen eine Wanze an.

Wanzenjagd ↑

Die 3-D-Darstellung vieler Messungen zeigt an, welcher Raum im Gebäude Wanzen enthält. Die Grafik hält jeweils Signalstärke und Frequenz in Megahertz (Mhz) fest.

Cleverer Spiegel →

Hohlräume in Böden, Decken und Wänden von Bürogebäuden eignen sich bestens für die Anbringung von Abhöranlagen. Um solche Verstecke aufzuspüren, benutzt man spezielle Spiegel, mit denen man auch unzugängliche Stellen untersuchen kann.

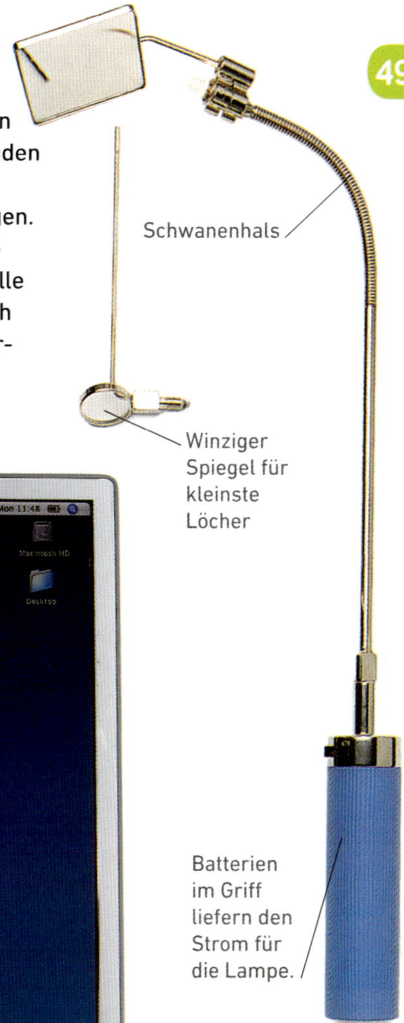

Schwanenhals

Winziger Spiegel für kleinste Löcher

Batterien im Griff liefern den Strom für die Lampe.

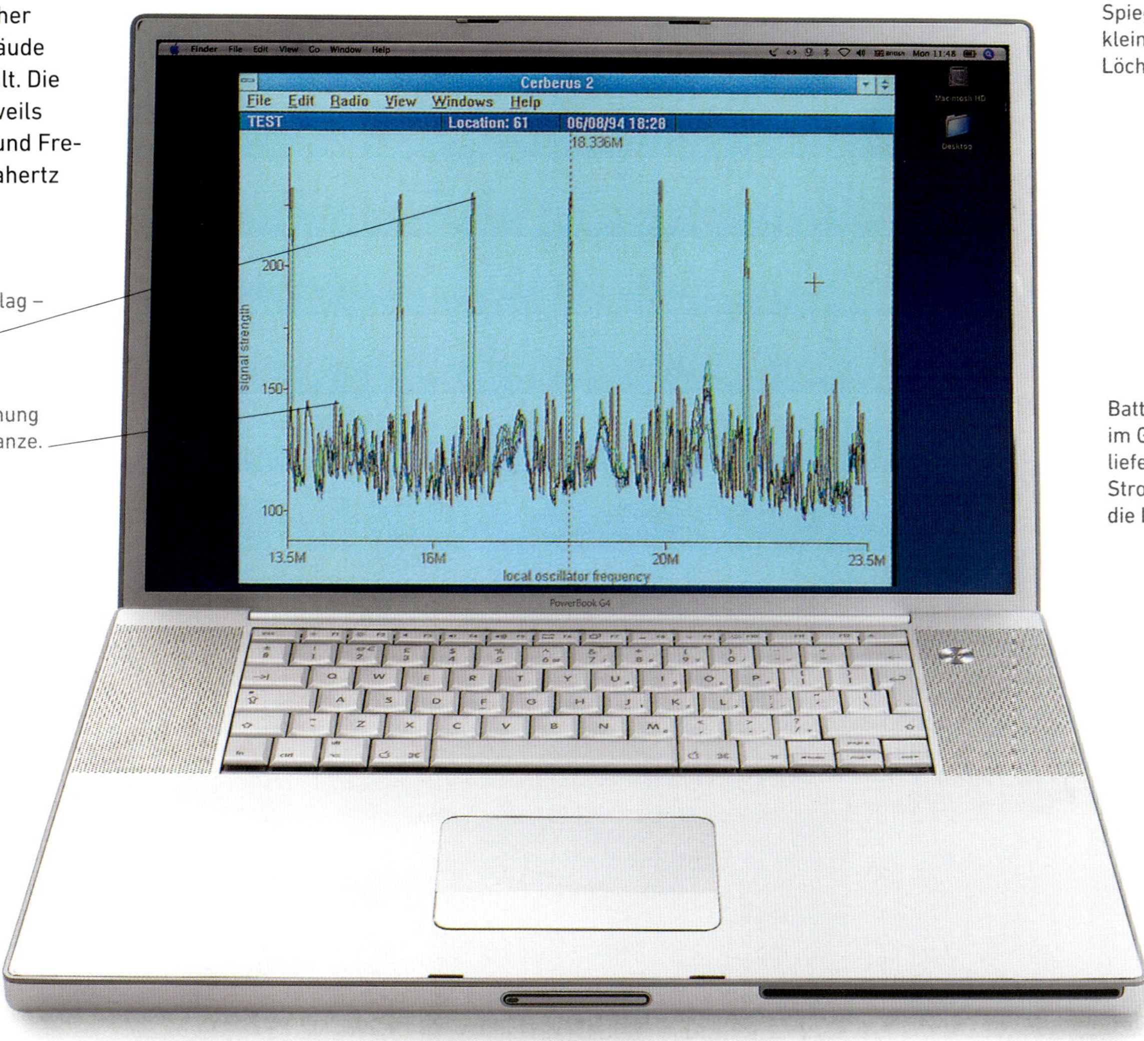

Starker Ausschlag – starkes Signal

Diese Aufzeichnung enthüllt eine Wanze.

↑ Wanze auf dem Schirm

Schließt man den Scanlock-Empfänger an einen Laptop an, macht dieser die Signale sichtbar. Jeder Linienzug stellt die Funksignale für einen bestimmten Zeitpunkt dar. Wenn sich die Wanze einschaltet, ändert sich der Kurvenverlauf.

Antenne empfängt Funksignale.

Scanlock-Detektor ↓

Billige Wanzen sind leicht zu finden, weil sie auf Radiofrequenzen senden. Aufwendigere Wanzen „verstecken" ihre Signale. Dieser Scanlock-Breitbandempfänger findet auch solche „intelligenten" Wanzen innerhalb von Minuten.

Anzeige für Signalstärke führt zur Wanze.

In der Nähe einer Wanze erzeugt das Gerät einen hohen Ton.

Wanzen finden →

Wanzen in einem Raum kann man mit diesem Messgerät für Signalstärken ausmachen. Je näher man der Wanze kommt, desto lauter ertönt das Signal.

Agentenfallen

Agenten zu überführen ist meist nicht einfach, es sei denn, Doppelagenten oder Überläufer verraten sie. Verdächtige Funksignale, angezapfte Telefone und geduldige Überwachung können ebenfalls Hinweise liefern. Verfolgt man einen enttarnten Spion unauffällig, führt er vielleicht zu weiteren Agenten. Hat man sie geschnappt, müssen sie „neutralisiert" werden: man hindert sie an ihrer geheimen Arbeit, weist sie in ihr Heimatland aus oder verurteilt sie zu Gefängnisstrafen. In einigen Ländern müssen Spione allerdings mit der Todesstrafe rechnen.

Geheimdienstoffiziere mit Bossards Spionageausrüstung

↑Verräterisches Piepen

Ein Überläufer führte den britischen MI5 auf die Spur von Frank Bossard. Sie erwischten ihn, als er Unterlagen des Luftfahrtministeriums senden wollte. Signale des Senders hatten ihn verraten.

←Zu viel Misstrauen

James Angleton (1917–1987), Chef der Spionageabwehr der CIA, traute niemandem und hielt jeden Überläufer für einen Doppelagenten des KGB. Sein Misstrauen behinderte die Arbeit der anderen Agenten. Mit einem Bruch des Postgeheimnisses zerstörte er seinen Ruf und musste 1974 gehen.

Der Stab passt durch den Schlitz oben am Kuvert und Klammern ergreifen den Brief.

Durch Drehen des Griffs rollt man den Brief eng auf.

Schließlich zieht man den Brief aus dem Umschlag.

←Brieföffnung

Mit diesem Gerät kann man einen Brief aus einem geschlossenen Umschlag nehmen und wieder hineinstecken. So lässt sich die Post an einen Spion überwachen.

Die Rosenbergs nach dem Urteil

↑Harte Strafe

Julius und Ethel Rosenberg spionierten für die Sowjetunion und wurden als erste amerikanische Spione in Friedenszeiten zum Tode verurteilt. Viele Menschen setzten sich für ihre Begnadigung ein, dennoch wurden die beiden kommunistischen Spione 1953 auf dem elektrischen Stuhl hingerichtet.

Mit unsichtbarer Kreide trägt man Pulver auf.

Videoüberwachung →

Kameras mit Überwachungssoftware (S. 44–45) erkennen Gesichter und identifizieren bekannte Spione in einer Menschenmenge, selbst wenn sie verkleidet sind. Dann verfolgen die Computer automatisch die Bewegungen des Spions, zeichnen sie auf und alarmieren den Sicherheitsdienst.

Mit Überwachungskameras kann man verdächtige Bewegungen aufzeichnen.

Ausweis eines SMERSH-Agenten

↑ Spionabwehr

Die sowjetische *Smert Schpionam* („Tod den Spionen") war u. a. für die Abwehr von Spionen im Geheimdienst zuständig. Im Westen hieß sie kurz „SMERSH".

Ultraviolettes Licht lässt das Antiwanzensiegel aufleuchten.

Versiegelt →

Nach dem Entwanzen versiegelt man einen gesäuberten Raum. Mit einer UV-Lampe kann man dann prüfen, ob das Siegel unverletzt ist.

← Spezialpulver

Dieses Pulver wird erst unter UV-Licht sichtbar und verrät den Spion, der damit behandelte Unterlagen berührt hat.

Bei normalem Licht ist das Pulver auf dem Papier unsichtbar.

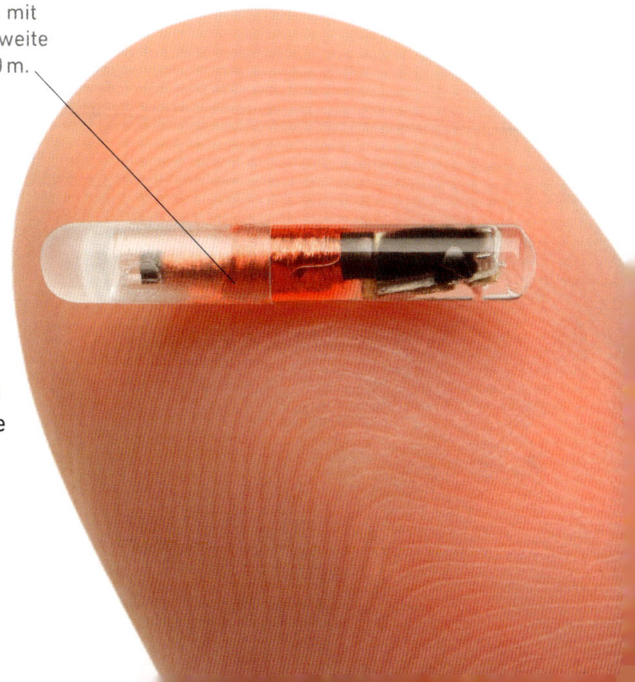

RFID-Chip sendet Funkwellen mit einer Reichweite von über 90 m.

Chips überall →

RFID (Radio-Frequency Identification)-Chips, die kaum größer als ein Punkt sind, heißen *Taggants*. Sie lassen sich an Kleidung oder Ausweisen anbringen und ermöglichen die geheime Überwachung des Trägers. Der britische MI5 überwacht mit RFID-Chips ausländische Spione, die als Diplomaten auftreten.

Spionage ohne Spione

Die Arbeit von Agenten ist teuer und zeitaufwendig. Zudem kann die Enttarnung eines Spions politische Folgen haben. Aus diesen Gründen wurden andere Spionagemethoden entwickelt. Technische Nachrichtendienste hören die gegnerische Kommunikation ab und sammeln Bilder, die von Spionageflugzeugen und -satelliten aus geschossen werden. Hydrofone am Meeresboden verfolgen die Geräusche feindlicher U-Boote und Seismografen zeichnen die von Kernwaffenversuchen verursachten Erschütterungen auf.

↑ Drohne

Die *Dark Star* ist ein in den USA entwickeltes unbemanntes Flugzeug. Solche Drohnen können genaue Luftbilder aufnehmen, ohne dass das Leben eines Piloten gefährdet wird.

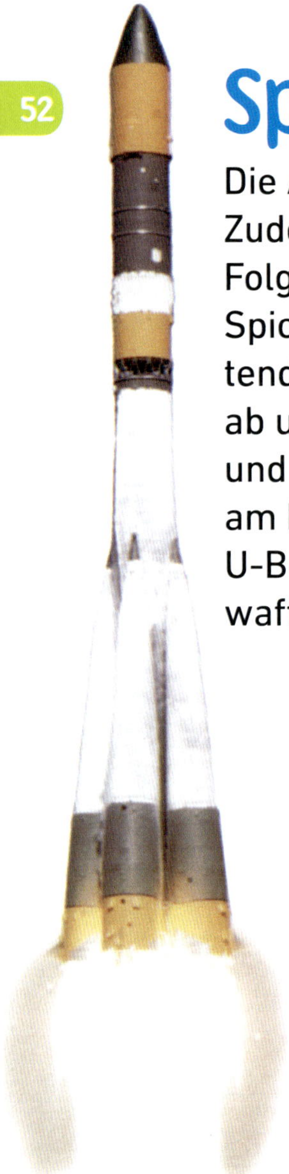

← Ab ins All

Ältere Spionagesatelliten belichteten Filme, weil deren Bilder am schärfsten waren. Die Filme kamen zur Entwicklung in einer Kapsel zur Erde zurück. Spionagesatelliten sind streng geheim. Diese sowjetische Rakete trägt einen zivilen Satelliten.

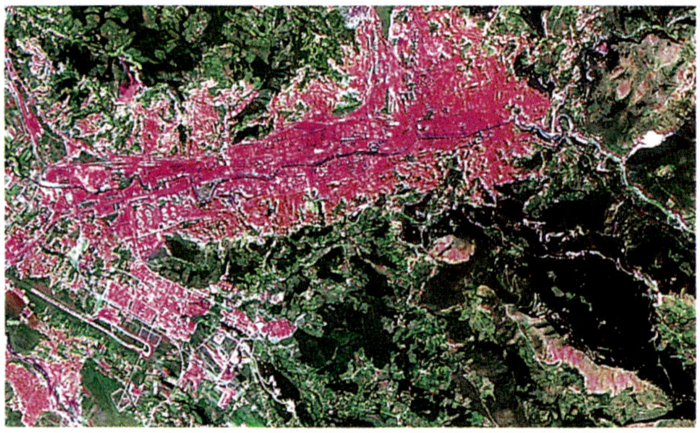

↑ Die Erde aus dem Weltraum

Multispektral-Aufnahmen lassen sich so stark vergrößern, dass man z. B. Lastwagen erkennen kann. Allerdings sind die Farben nicht naturgetreu: Auf diesem Bild erscheinen die Gebäude violett.

Russischer *KFA*-Satellit nach dem Wiedereintritt

Kein Land gibt Bilder seiner Spionagesatelliten frei. Sie sehen aber ähnlich wie dieses zivile Modell aus.

Die Triebwerke beschleunigen die *Blackbird* auf über 3-fache Schallgeschwindigkeit.

← Augen im All

Amerikanische *Keyhole 12*-Spionagesatelliten erkennen aus 400 km Entfernung Gegenstände von der Größe einer Grapefruit. Spionagesatelliten machen ihre Aufnahmen auch durch dichte Wolken und bei Nacht. Multispektral-Kameras können zwischen „echten“ Bäumen und Tarnung unterscheiden.

← U2-Spionageflugzeug

Als dieses Flugzeug 1955 zum ersten Mal flog, glaubte die CIA, es könnte Informationen verlässlicher und schneller als Spione liefern. Mit 19 810 m Höhe flog die *U2* zwar sehr hoch, doch trotzdem schossen die Sowjets 1960 eine Maschine ab und nahmen den Piloten gefangen (S. 38–39).

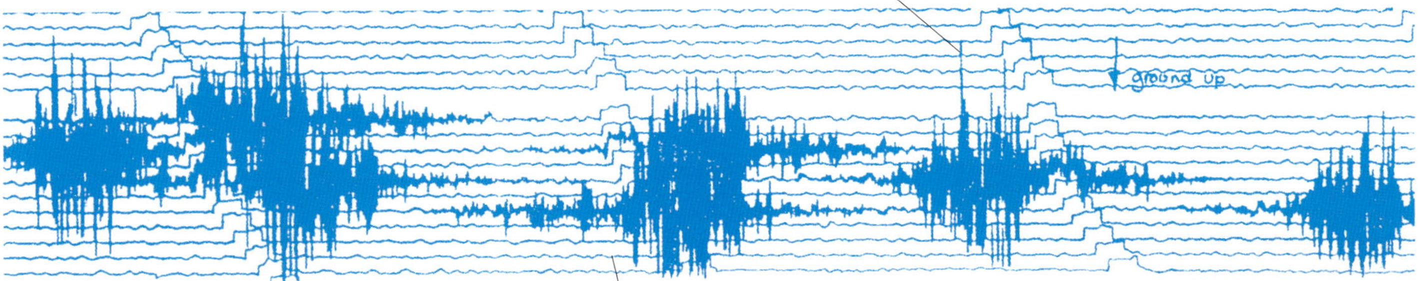

↑ Signal vom Kernwaffentest

Seismografen können unterirdische Kernwaffentests auf der anderen Seite der Erdkugel registrieren. 1949 erhielten die amerikanischen Geheimdienste auf diesem Weg den Beweis dafür, dass die Sowjets Kernwaffen besaßen.

↑ Genau hinschauen

Dieses Foto von 1984 zeigt den Bau eines sowjetischen Flugzeugträgers am Schwarzen Meer. Mit Computerhilfe kann man die Bildqualität noch verbessern.

← Amsel mit Adleraugen

Obwohl schon 1959 entwickelt, fliegt das Aufklärungsflugzeug *Blackbird* („Amsel") höher und schneller als jedes andere, auch modernere Flugzeug. Es überquert den Atlantik in weniger als 2 Stunden und benötigt nur 13 Stunden, um ein Land wie Mexiko zu fotografieren. Über 20 Jahre lang sammelte die *Blackbird* im Kalten Krieg Informationen. 1990 wurde sie aus Kostengründen eingemottet. 5 Jahre später stellte die US-Luftwaffe wieder einige dieser Maschinen in Dienst und bildete Piloten darauf aus.

Spionage heute

Die Blütezeit der Spionage war der Kalte Krieg. Nach dessen Ende um 1990 wurden viele Agenten arbeitslos. Die Dienste begannen nach neuen Betätigungsfeldern zu suchen. So verfolgte man mit dem geheimen Hydrofon-Netzwerk der USA nicht nur U-Boote, sondern belauschte auch den Gesang der Wale. Geheimdienste stellten fest, dass ihre Fähigkeiten, Spione zu fangen, auch zur Ermittlung von Terroristen nützlich sind. Agenten, die im Kalten Krieg Verräter aufspürten, verfolgten nun kolumbianische Drogenbarone. Doch die relativ ruhige Phase für Geheimdienste ist längst vorbei. Inzwischen sind der russische Geheimdienst ebenso wie die CIA viel größer als während des Kalten Kriegs.

↑Am Himmel hoch
Satellitendaten helfen Umweltwissenschaftlern u. a. bei der Erforschung des Klimawandels. Die schärfsten Fotos liefern Spionagesatelliten. Seit einiger Zeit macht die CIA bisher geheime, ältere Bilder der Öffentlichkeit zugänglich.

←Straßendrogen
Nachrichtendienste können Informationen über Herstellung und Transportwege von Drogen beschaffen. Mit den hier abgebildeten Sprays lässt sich eine Droge schnell identifizieren – ohne aufwendige Laborarbeiten.

Neue Rolle↓
Geheimdienste werden immer eine Rolle spielen, denn nach wie vor gibt es in vielen Regionen der Welt Kriege und politische Instabilität.

Ein US-Agent bei einem Drogengipfel. Seine Aufgabe: der Schutz des Präsidenten.

In der Schultertasche steckt eine Maschinenpistole.

←Drogenlaborsuche
Im Kampf gegen den Drogenhandel werden zunehmend amerikanische Satelliten eingesetzt. In Kolumbien spüren sie Laboratorien und Landebahnen im Dschungel auf. Mit den Satelliteninformationen können Hubschrauber der kolumbianischen Armee Soldaten schnell zum Einsatzort bringen.

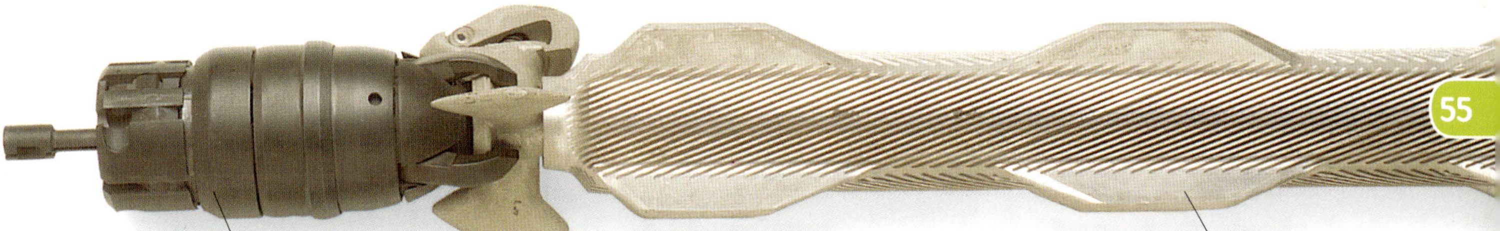

↑ Atomangst

Terroristen benötigen für eine Atombombe 7 kg Plutonium. Die Geheimdienste arbeiten weltweit zusammen, um gestohlenes Plutonium oder Uran ausfindig zu machen.

Mafia →

In den USA bekämpft die CIA die Mafia und vergleichbare chinesische Organisationen. In Großbritannien unterstützt der MI5 den Kampf gegen das organisierte Verbrechen.

Verbotenes Glücksspiel in der New Yorker Hung-Mon-Gesellschaft, die direkte Verbindung zur „chinesischen Mafia" hat

Terrorist →

Verdeckte Ermittler sammelten Informationen über Abimael Guzmán, den Führer der peruanischen Terrororganisation Leuchtender Pfad. Getarnte Polizisten umstellten sein Haus und nahmen ihn fest.

Spion am Himmel ↓

Satelliten mit Digitalkameras können nur 75 mm kleine Objekte fotografieren und die Bilder sofort an Geheimdienste senden. Ereignisse lassen sich so live analysieren, etwa durch das National Reconnaissance Office (NRO) der USA. 2001 nahm der frühere NRO-Mitarbeiter Brian Regan vor dem Golfkrieg Kontakt zur irakischen Regierung auf und bot ihr geheime Satelliteninformationen über die Standorte irakischer Waffen zum Kauf an.

Überwachung im Alltag

Du wirst überwacht! Kameras zeichnen auf, wie du die Straße entlanggehst. Deine Handyanrufe und die Internetseiten, die du anklickst, werden von Providern erfasst und deine Einkäufe werden von Supermärkten registriert. Staaten auf der ganzen Welt legen Datenbanken über ihre Bevölkerung an, von Identifikationsmerkmalen bis zu Gesundheitsdaten. Eine solche Überwachung macht unser Leben zwar effizienter und hilft, Verbrechen zu bekämpfen – aber sie ist auch anfällig für Missbrauch.

↑Von Kameras erfasst

Nach den Anschlägen in London am 7. Juli 2005 entdeckte die Polizei die Bombenleger auf Videoaufzeichnungen: sowohl auf dem Weg in die Stadt am Morgen des Anschlags als auch auf einem Erkundungstrip 9 Tage zuvor (oben). Über die Filme konnten die Attentäter schnell identifiziert werden.

Kameras lassen sich ferngesteuert schwenken, neigen und für Nahaufnahmen heranzoomen.

↑Polizei hört mit

Viele Straßen und Plätze werden ständig von Kameras beobachtet. Mikrofone erfassen auch Geräusche wie Schüsse. Durch den Schall kann die Polizei die Position des Schützen ziemlich genau berechnen.

Überwachungszentrale↓

In London gibt es mehr Überwachungskameras (S. 45) pro Quadratkilometer als in jeder anderen Stadt. Polizeibeamte sitzen vor riesigen Bildschirmwänden, die mit den Kameras verbunden sind. Alle Aufnahmen werden archiviert. In manchen Überwachungssystemen lässt sich ein Verdächtiger markieren, der dann automatisch von einer Kamera zur nächsten verfolgt wird. Bürgerrechtler beklagen zwar die ständige Überwachung der Menschen, doch die Behörden halten dagegen, dass die Kameraüberwachung Kriminelle abschrecke und die Straßen sicherer mache.

Der Polizist kann eine Kamera wählen und damit alles untersuchen, was ihm ungewöhnlich erscheint.

Tracker für Kleinkinder↓

Mit Signalgebern wie dem Giggle Bug Toddler Tracker®, der einen RFID-Chip enthält, können Eltern den Standort ihres Kindes im Umkreis von 30 m feststellen. Mit ähnlichen Geräten können Firmen über GPS-Chips ihre Laptops sowie Mitarbeiter lokalisieren – theoretisch auch ohne Wissen der betroffenen Person.

Giggle Bug Toddler Tracker®

Wagen mit Touchscreen für Waren mit RFID-Chip

↑Analyse des Kaufverhaltens

Manche Läden kennzeichnen ihre Produkte mit RFID-Chips (S. 51). RFID-Einkäufe werden zur Warenbestandskontrolle von einer Datenbank erfasst. Anhand der Daten wird auch das Einkaufsverhalten analysiert. Datenschützer befürchten, dass man die Kunden durch die Chips bis nach Hause verfolgen könne, und sehen darin eine Bedrohung der Privatsphäre. Die Läden spielen diese Befürchtungen herunter – die Chips würden am Ausgang deaktiviert.

Irisscanner→

Anhand biometrischer Daten wie Fingerabdrücke und Irisscans lassen sich Menschen identifizieren – vertrauenswürdige Personen ebenso wie Verbrecher. Ein Irisscanner analysiert die Muster und sucht in einer Datenbank nach Übereinstimmungen. Theoretisch könnte der Staat mittels biometrischer Daten Bürger im Auge behalten, die er für politisch unbequem hält.

↑Gefahren im Internet

Bei jedem Besuch einer Internetseite hinterlässt du ein sogenanntes Cookie, das Daten über deine Internetaktivität liefert. Das Downloaden von Dateien kann einem Hacker Zugang zu deiner Festplatte verschaffen. Er kann sogar ohne dein Wissen deine Webcam einschalten.

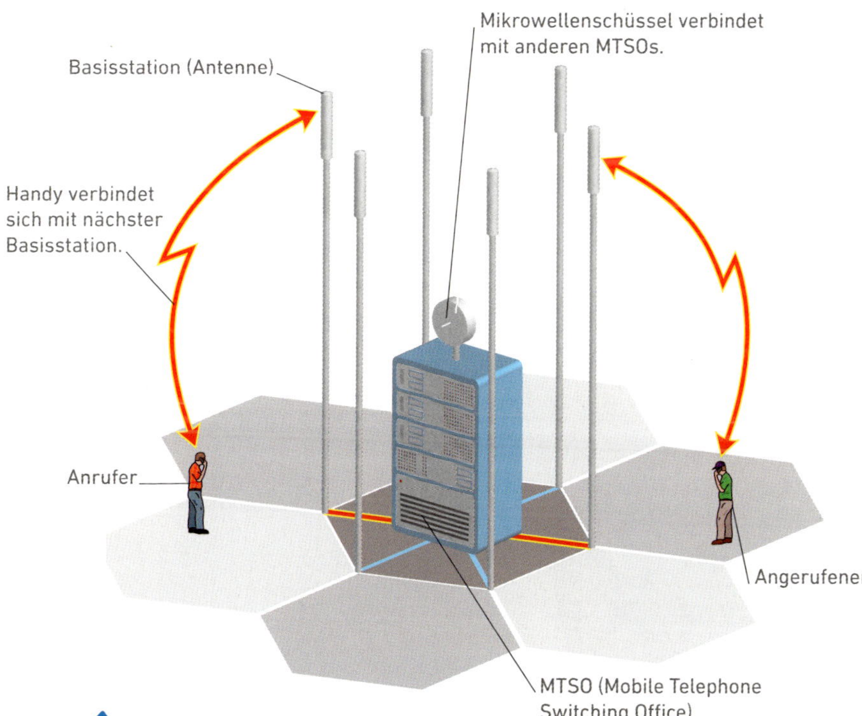

↑Lokalisieren per Handy

Zwei Personen, die per Handy miteinander telefonieren, sind im Funknetz jeweils mit ihrer nächsten Basisstation verbunden. Die Stationen sind über ein MTSO vernetzt. Anhand der Stationen, die an dem Gespräch beteiligt sind, sowie ihrer relativen Signalstärken kann man die Position eines Benutzers im Umkreis von 38 m errechnen.

Berühmte Spione

Die erfolgreichsten Spioninnen und Spione verschwinden spurlos, sobald sie ihren Auftrag erledigt haben. Nur Kriegsspione ernten manchmal Ruhm und Anerkennung. Als Belohnung für Geheimdiensttätigkeit, Folter und Gefangenschaft erhielt Odette Sansom das Georgskreuz, eine der höchsten britischen Auszeichnungen. Yvonne Cormeau (S. 32–33) beklagte sich, dass andere SOE-Agenten weniger Anerkennung erhielten, „weil wir nicht verhaftet wurden". Natürlich will kein Spion gefasst werden. Kommt es jedoch dazu, wird die Sache schnell publik. Gerichtsverfahren gegen Spione sind allerdings oft enttäuschend. Spionage ist selten aufregend, die tägliche Routine sogar langweilig. Nur ganz wenige Spione führten wirklich das Leben von Romanhelden.

Sean Connery in *James Bond – 007 jagt Dr. No*

↑ Roman und Wirklichkeit

Autor Ian Fleming (S. 60–61) lernte den Spion Dusko Popov (oben mit seiner Frau) 1941 beim britischen Geheimdienst kennen. Popov wurde Vorbild für seinen 007.

Bei ihren Auftritten trug Mata Hari kunstvolle Kostüme und Kopfschmuck.

Mata Hari, eine gebürtige Niederländerin, lebte 6 Jahre auf Java. Später gab sie sich als Tochter einer Tempeltänzerin aus.

← Mata Hari

Die Geschichte von Mata Hari (eigentlich Margaretha Geertruida Zelle, 1876–1917) ähnelt der eines Agentenromans. Obwohl ihr Spionage nicht eindeutig nachzuweisen war, wurde sie 1917 in Frankreich zum Tode verurteilt.

ARMEE DE L'AIR

Centre de Démobilisation du Bataillon de l'Air

FICHE DE DÉMOBILISATION

PERMIS DE CONDUIRE LES AUTOMOBILES

CARTE D'IDENTITÉ

Deckname „Weißes Kaninchen" →

Der Royal-Airforce-Offizier „Tommy" Yeo-Thomas wurde nach Gefangennahme und Folter durch die deutsche Gestapo im Zweiten Weltkrieg berühmt. Im Auftrag der SOE (S. 32–33) hatte er in Frankreich den Widerstand unterstützt. Er wurde verraten und kam ins Todeslager Buchenwald, konnte aber fliehen.

Falsche Papiere gaben Yeo-Thomas bei seinen Aufenthalten in Frankreich jeweils eine andere Identität.

Donald Maclean (1913–1983) verriet Atombomben-geheimnisse an Moskau.

Odette Sansom mit ihren Puppen 1954

Guy Burgess (1911–1963) fiel durch Gewalttätigkeit bei Trunkenheit auf.

↑Kriegsheldin

Im Zweiten Weltkrieg arbeitete Odette Sansom (1912–1995) als Agentin „Celine" für die SOE. Sie half beim Aufbau des Widerstands in Südfrankreich. 1943 wurde sie verraten, gefoltert und schließlich in ein deutsches Konzentrationslager gebracht. Diese Puppen nähte sie, um die lange Gefangenschaft durchzustehen. 1945 wurde sie von den Alliierten befreit.

Kim Philby (1912–1988) warnte Maclean und Burgess.

Anthony Blunt (1907–1983) half den anderen, in die Sowjetunion zu entkommen.

←Die fünf aus Cambridge

Vier der bekanntesten englischen Spione lernten sich an der Universität Cambridge kennen. Guy Burgess und Donald Maclean gaben Geheimnisse aus dem Außenministerium an Moskau weiter und flohen schließlich dorthin. Als ihnen 1961 Kim Philby (S. 34–35) als dritter folgte, legte ein vierter, Anthony Blunt, heimlich ein Geständnis ab. 1979 wurde die Sache publik und später noch ein fünfter Mann enttarnt: John Cairncross.

←Schauprozess

Oleg Penkowsky (1919–1963) vom russischen Militärgeheimdienst verschaffte den USA im Kalten Krieg durch Informationen über sowjetische Atomraketen einen echten Vorteil. Der KGB fasste Penkowsky, der in einem Schauprozess alles gestand. 1963 wurde er hingerichtet.

Spionagegeschichten

1851 schrieb der Amerikaner James Fenimore Cooper (1789–1851) einen der ersten Spionageromane. Doch erst in den 1960er-Jahren wurden Spionagegeschichten zu Bestsellern. Erfolgreiche Autoren wie Ian Fleming und John Le Carré waren selbst Spione, bevor sie Schriftsteller wurden. Hollywood schließlich machte aus den Büchern erfolgreiche Filme. Die echten Spione lassen sich von Büchern und Filmen selten beeindrucken. Allen Dulles, ehemaliger Leiter der CIA, schrieb, dass es Spionagehelden im wirklichen Leben kaum gebe. Das hinderte die CIA allerdings nicht daran, bei der Agentenausbildung Spionagefilme einzusetzen.

Michael Caine als Harry Palmer

Antiheld ↑

In *Ipcress – streng geheim (1964)* erweist sich der britische Regierungsangestellte Harry Palmer wider Erwarten als erfolgreicher Geheimagent.

← Ein Autor und sein Spion

Frederick Forsyth (links) verwendete als Vorlage für sein Buch *Die Akte Odessa* die Geschichte des Deutschen Wolfgang Lotz. Lotz ließ das ägyptische Raketenprogramm scheitern und trug so zum Sieg Israels im Sechstagekrieg 1967 bei.

Sein Lebensstil trug Lotz den Beinamen „Champagnerspion" ein.

Anker am Ende des Seils

Mit dieser Harpunenpistole feuert Bond einen Anker mit Seil ab und vollführt dann einen atemberaubenden Bungee-Sprung.

← Bestseller

Die britischen Spione sind vielleicht nicht Weltspitze, die Spionageautoren des Landes dagegen schon. In den 1960er-Jahren schreckte die antikommunistische Haltung der erfolgreichen Romane sogar den KGB auf.

Gefährliche Frau →

In Alexandre Dumas' berühmtem Roman *Die drei Musketiere* (1844) leitete Kardinal Richelieu (S. 41) ein Heer von Agenten. Die gefährlichste von ihnen, Milady, soll die französische Königin in Verruf bringen.

Indischer Seiltrick →

Für die raffinierte Ausrüstung seines 007 nahm Ian Fleming Hilfsmittel als Vorlage, die Charles Fraser-Smith (S. 10) und andere für Spione im Zweiten Weltkrieg konstruiert hatten.

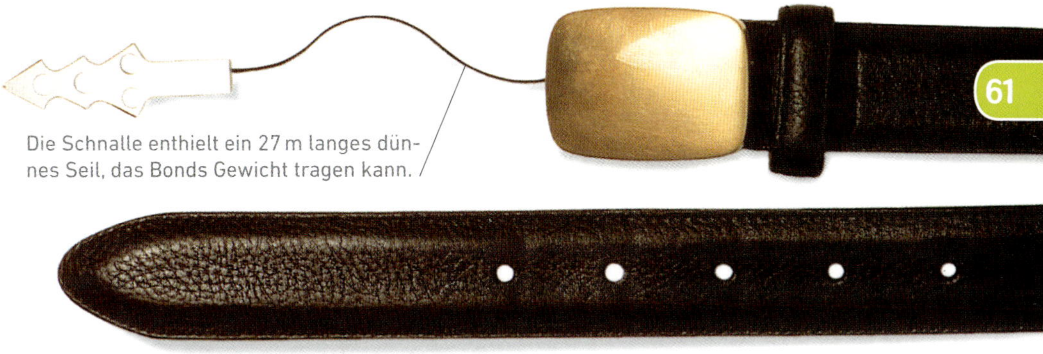

Die Schnalle enthielt ein 27 m langes dünnes Seil, das Bonds Gewicht tragen kann.

Bonds Gürtel aus dem Film *GoldenEye*

Zielfernrohr

Mit einem Laser in seiner Harpunenpistole schlitzt Bond das Dach einer russischen Chemiefabrik auf.

James Bonds Harpunenpistole aus dem Film *GoldenEye*

Laser-Uhr →

In *GoldenEye* hilft ein in die Uhr eingebauter Laser dem Helden, aus schwierigen Situationen zu entkommen. Der KGB versuchte einige der Romanideen umzusetzen.

Lizenz, Gold zu machen →

Als Ian Fleming (1908–1964) seine Figur James Bond erfand, wollte er einen Spionageroman schreiben, der alle Spionagegeschichten in den Schatten stellt. Das ist ihm gelungen. Von den 14 Bond-Romanen wurden über 18 Mio. Exemplare verkauft.

In *GoldenEye*, dem 17. James-Bond-Film, spielt Pierce Brosnan den britischen Topagenten.

Mit einer Magnetmine zerstört Bond die Chemiefabrik.

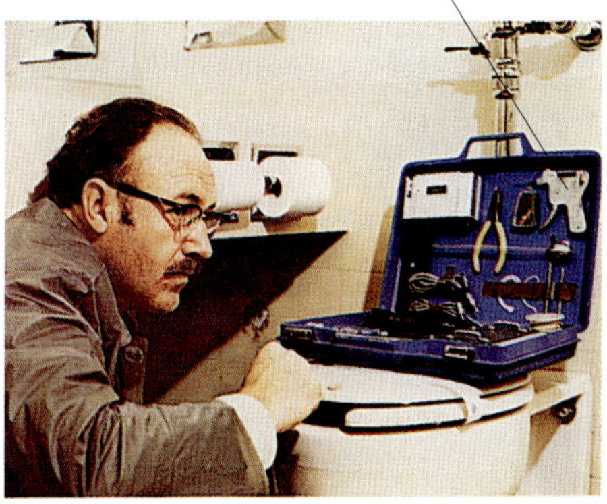

Wirklichkeitsgetreuer Werkzeugkoffer für Wanzenleger

← Wanzen im Bad

Im Film *Der Dialog* (1973) gerät ein Abhörspezialist (gespielt von Gene Hackman) in die schreckliche Welt von Betrug und Mord. Der spannende Film ist ein ungewöhnlich wirklichkeitsgetreues Abbild der Arbeit von Wirtschaftsspionen.

Spione sind überall

Fast jedes Land unterhält einen eigenen Nachrichtendienst. Manche Länder haben sogar mehrere Dienste mit jeweils eigenen Spezialaufgaben. Oft verfolgen sie verschiedene Ziele und setzen auch sehr unterschiedliche Methoden ein. Doch eines haben sie alle gemeinsam: Sie sind streng geheim ... manche sogar noch ein wenig geheimer als die anderen.

USA: Central Intelligence Agency (CIA)

- Der im Zweiten Weltkrieg gegründete Vorgänger der CIA hieß „Office of Strategic Services" (OSS). Er wurde nach dem Krieg aufgelöst. 1947 richtete die Regierung die CIA ein.
- Da die CIA in den USA niemanden festnehmen darf, arbeitet sie mit der Bundespolizei, dem Federal Bureau of Investigation (FBI), zusammen.
- Die CIA entwickelte viele clevere Geräte wie Spionageflugzeuge und Spionagesatelliten.

Großbritannien: Secret Intelligence Service (SIS)

- Den auch als MI6 bekannten britischen Auslandsnachrichtendienst gibt es seit 1909. Für die Inlandsaufklärung ist der MI5 zuständig.
- Der Leiter des SIS ist nur als „C" bekannt, ein wenig wie bei James Bond. Der erste Chef, Captain Smith-Cumming, unterzeichnete nämlich alle Briefe mit „C".
- Es gibt auch einen echten „Q", der sich um die technische Ausstattung kümmert, z. B. Aktentaschen mit Sprengfalle oder explodierende Ratten.

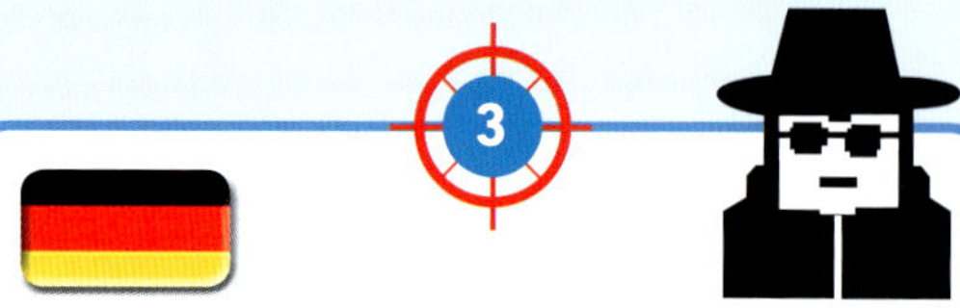

Deutschland: Bundesnachrichtendienst (BND)

- Der Vorgänger des BND wurde im Zweiten Weltkrieg unter dem Namen FHO (Fremde Heere Ost) gegründet, um die sowjetische Rote Armee auszuspionieren.
- Nach dem Krieg arbeitete die Organisation für die CIA, die ihre Aktivitäten bezahlte. 1956 wurde sie der Kontrolle der Regierung der Bundesrepublik Deutschland unterstellt und in BND umbenannt.
- Der Nachrichtendienst zapft hauptsächlich Leitungen an und überwacht elektronisch die internationale Kommunikation. Einsatzagenten spielen demgegenüber keine so wichtige Rolle.

Israel: Institut für Aufklärung und besondere Aufgaben (MOSSAD)

- Bei der Gründung des Staates Israel 1948 wurde auch der Mossad gegründet, um die Interessen der Juden in der Heimat und im Ausland zu schützen.
- Juden in aller Welt können als freiwillige Helfer oder Spione beim Mossad mitarbeiten. Sie werden als „Sajanim" bezeichnet.
- Der Standort der Zentrale war geheim, bis im Jahr 2007 Bilder des Gebäudes in Google Earth erschienen. Anschließend veröffentlichten auch große israelische Zeitungen Bilder von ihm.

Frankreich: Direction Générale de la Sécurité Extérieure (DGSE)

- Der französische Auslandsnachrichtendienst wurde 1982 aus mehreren verschiedenen Spionagediensten gebildet, die bereits existierten.
- Schon kurz nach seiner Gründung enttarnte der DGSE ein großes sowjetisches Spionagenetz, das geheime westliche Militärtechnologie entwendete.
- 1985 bewies er jedoch mangelndes Urteilsvermögen, als er Schiffe von Greenpeace bombardierte, die gegen die französischen Atomtests im Pazifik protestierten.

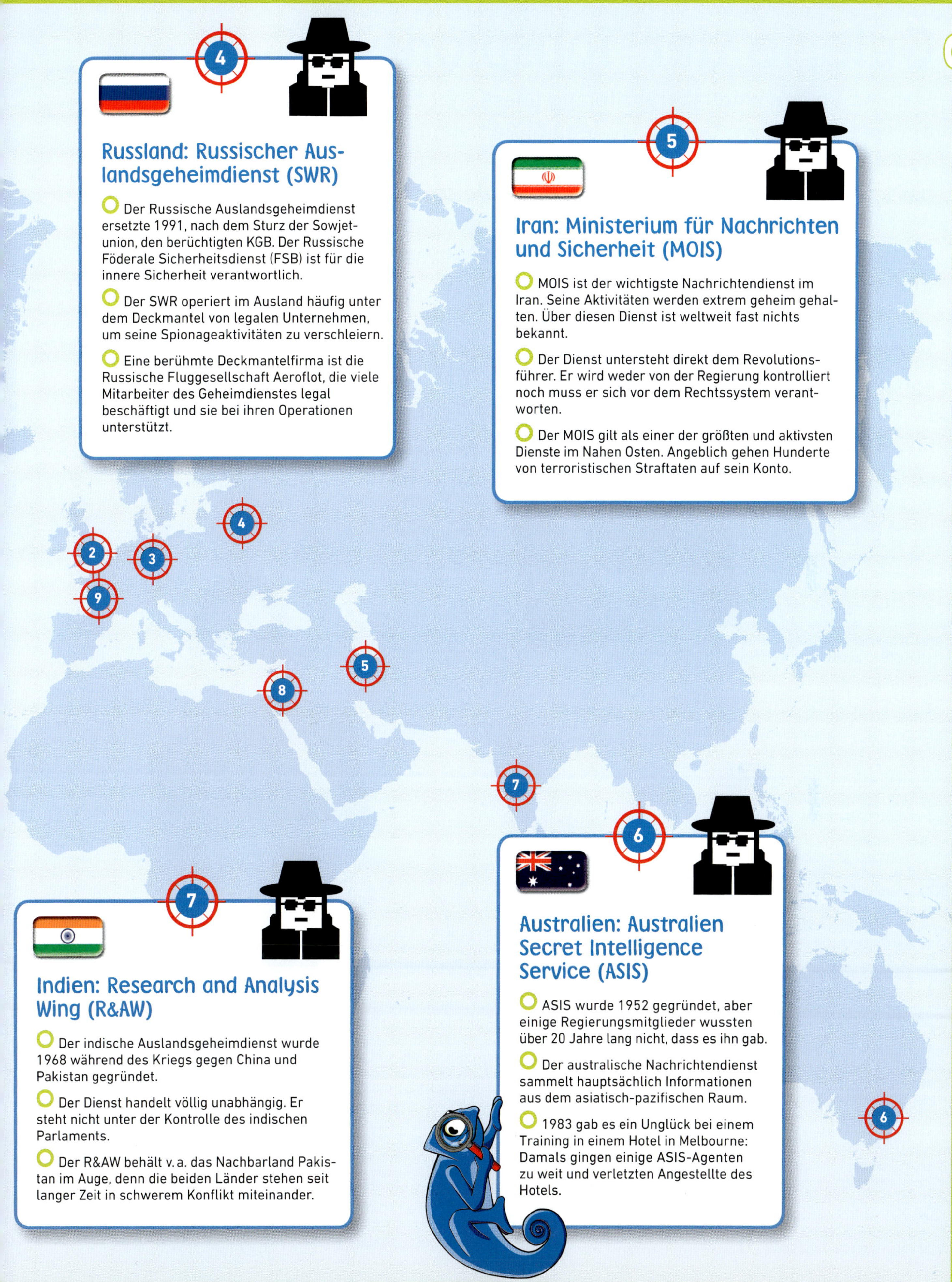

Russland: Russischer Auslandsgeheimdienst (SWR)

- Der Russische Auslandsgeheimdienst ersetzte 1991, nach dem Sturz der Sowjetunion, den berüchtigten KGB. Der Russische Föderale Sicherheitsdienst (FSB) ist für die innere Sicherheit verantwortlich.
- Der SWR operiert im Ausland häufig unter dem Deckmantel von legalen Unternehmen, um seine Spionageaktivitäten zu verschleiern.
- Eine berühmte Deckmantelfirma ist die Russische Fluggesellschaft Aeroflot, die viele Mitarbeiter des Geheimdienstes legal beschäftigt und sie bei ihren Operationen unterstützt.

Iran: Ministerium für Nachrichten und Sicherheit (MOIS)

- MOIS ist der wichtigste Nachrichtendienst im Iran. Seine Aktivitäten werden extrem geheim gehalten. Über diesen Dienst ist weltweit fast nichts bekannt.
- Der Dienst untersteht direkt dem Revolutionsführer. Er wird weder von der Regierung kontrolliert noch muss er sich vor dem Rechtssystem verantworten.
- Der MOIS gilt als einer der größten und aktivsten Dienste im Nahen Osten. Angeblich gehen Hunderte von terroristischen Straftaten auf sein Konto.

Indien: Research and Analysis Wing (R&AW)

- Der indische Auslandsgeheimdienst wurde 1968 während des Kriegs gegen China und Pakistan gegründet.
- Der Dienst handelt völlig unabhängig. Er steht nicht unter der Kontrolle des indischen Parlaments.
- Der R&AW behält v. a. das Nachbarland Pakistan im Auge, denn die beiden Länder stehen seit langer Zeit in schwerem Konflikt miteinander.

Australien: Australien Secret Intelligence Service (ASIS)

- ASIS wurde 1952 gegründet, aber einige Regierungsmitglieder wussten über 20 Jahre lang nicht, dass es ihn gab.
- Der australische Nachrichtendienst sammelt hauptsächlich Informationen aus dem asiatisch-pazifischen Raum.
- 1983 gab es ein Unglück bei einem Training in einem Hotel in Melbourne: Damals gingen einige ASIS-Agenten zu weit und verletzten Angestellte des Hotels.

Galerie der Topspione

Manche Spione sind jahrzehntelang unerkannt tätig, bis sie enttarnt werden. Zuweilen können sie entkommen und fliehen in das Land, für das sie spioniert haben. Dort werden sie als Helden gefeiert. Doch dort, wo sie ihrer Tätigkeit nachgingen, gelten sie als Verräter, die die Sicherheit der Nation, der Wirtschaft und der Menschen aufs Spiel gesetzt haben.

Abel, Rudolph
Als KGB-Maulwurf (S. 39) war Abel bis zu seiner Verhaftung 1957 Chefagent des KGB in den USA. 1962 wurde er gegen den US-Piloten Gary Powers ausgetauscht. In Moskau als Held gefeiert, bildete Abel fortan KGB-Agenten aus.

Rudolph Abel

Agee, Philip
Der CIA-Agent Agee arbeitete für den kubanischen Geheimdienst und den KGB. Er verriet 2000 Undercoveragenten der CIA, auch Richard Welch, CIA-Chef in Griechenland, der daraufhin ermordet wurde. Agee starb 2008 auf Kuba.

Bell, William H.
Der ehemalige CIA-Offizier William Bell war Radarmitarbeiter bei der Hughes Aircraft Corporation in Kalifornien. Als er in finanzielle Not geriet, verkaufte er Radargeheimnisse der CIA an den polnischen Geheimagenten Marian Zacharski. 1981 wurde Bell von FBI-Agenten gestellt. Er gestand und half dem FBI, Zacharski zu fangen.

Blake, George
Als leitender Beamter beim MI6 spionierte George Blake insgeheim auch für den KGB, da er überzeugter Kommunist war. 1961 wurde er von einem polnischen Überläufer verraten. 1966 entkam er aus dem Gefängnis und gelangte schließlich nach Moskau, wo er sich niederließ.

George Blake

Carney, Jeffrey M.
Carney, ein Sicherheitsoffizier der US-Air Force, spionierte für die HVA der DDR, während er in Westdeutschland stationiert war. Nach seiner Rückkehr in die USA spionierte er weiter, doch 1985 setzte er sich in die DDR ab. Carney wurde 2 Jahre nach deren Zusammenbruch von US-Abwehragenten verhaftet.

Chokolow, Nikolaj
Der sowjetische Agent Chokolow sollte sein erstes Opfer, den russischen Führer einer in Westdeutschland ansässigen antisowjetischen Gruppe, mit einer in ein Zigarettenetui eingebauten Pistole erschießen. Doch er setzte sich in die USA ab und enthüllte dort Details über das sowjetische Mordprogramm. Er selbst entging 1957 nur knapp einem Giftanschlag durch russische Agenten.

Cohen, Eli
Der Ägypter wurde vom israelischen Geheimdienst rekrutiert, um die syrische Baath-Partei zu infiltrieren. Er lieferte Israel Informationen über das syrische Militär und seine Festungsanlagen auf den Golanhöhen. Cohen wurde 1965 hingerichtet.

Conrad, Clyde L.
Der ehemalige US-Sergeant wurde 1988 in Westdeutschland verhaftet, weil er dem ungarischen Geheimdienst geheime Dokumente geliefert hatte. Man glaubt, er habe mindestens ein Dutzend Helfer in der Army gehabt – einer der größten Spionageringe seit dem Zweiten Weltkrieg.

Fuchs, Klaus
Der deutsche Kernphysiker promovierte in England und wurde 1942 britischer Staatsbürger. Er schloss sich dem Agentennetz von Ruth Werner, einer deutschen Kommunistin in Diensten des sowjetischen Militärnachrichtendiensts GRU, an und berichtete auch nach seiner Übersiedlung in die USA über britische und amerikanische Atomprojekte. 1950 wurde er enttarnt und zu 14 Jahren Gefängnis verurteilt. Nach seiner Begnadigung 1959 machte er als Wissenschaftler Karriere in der DDR.

Gimpel, Eric
1944 setzte ein deutsches U-Boot Gimpel und seinen Komplizen William Colepaugh an einem Strand in Maine (USA) ab. In New York führten sie von dem für ihre Spionagetätigkeit bestimmten Geld ein ausschweifendes Leben. Colepaugh vertraute sich schließlich dem FBI an und half Gimpel zu fangen.

Guillaume, Günter
Im Auftrag der Stasi siedelte der Ostberliner Redakteur Guillaume mit seiner Frau 1956 in die Bundesrepublik über. Dank seines Organisationstalents machte er in der SPD schnell Karriere. 1972 wurde er zum persönlichen Referenten von Bundeskanzler Willy Brandt berufen, was ihm Zugang zu streng geheimen Akten verschaffte, deren Inhalt er an die Stasi weitergab. Seine Enttarnung 1974 führte zu einer schweren innenpolitischen Krise und zum Rücktritt von Brandt. Guillaume wurde zu 13 Jahren Gefängnis verurteilt, 1981 aber im Rahmen eines Agentenaustauschs vorzeitig entlassen.

Hanssen, Robert P.
1979 begann der Abwehragent des FBI für die Sowjets zu spionieren. Er verriet Details von US-Sicherheitsprogrammen und sogar die Lage des Bunkers der US-Regierung für den Fall eines Atomkriegs. Seine Informationen führten auch zur Hinrichtung von drei US-Agenten in Russland. 2001 wurde Hanssen in den USA verhaftet.

Robert P. Hanssen

Howard, Edward L.
1983 wurde Howard aus der CIA entlassen, als er bei einer Untersuchung wegen Diebstahls und Drogenmissbrauchs einen Lügendetektortest nicht bestand. Er wurde 2 Jahre später vom sowjetischen Überläufer Witali Jurtschenko als KGB-Spion enttarnt. Howard entkam dem FBI und floh in die Sowjetunion.

Ismailow, Wladimir M.
1986 überredete Ismailow, ein in Washington, D.C., stationierter sowjetischer Militärattaché, einen Offizier der US-Air Force (in Wahrheit ein FBI-Undercoveragent), ihm geheime militärische Daten zu verschaffen. Bei der Übergabe in Maryland wurde er verhaftet, konnte als Diplomat aber nur ausgewiesen werden.

Köcher, Karel
1965 gaben Köcher, ein tschechischer Maulwurf, und seine Frau Hana vor, sich in die USA absetzen zu wollen, wo Köcher später einen Job als Übersetzer von streng geheimen Dokumenten bei der CIA bekam. Bis zu seiner Verhaftung 1983 übergab er vertrauliche Informationen an den KGB und den tschechischen Geheimdienst. 1986 wurde er

gegen den sowjetischen Dissidenten Anatoli Schtscharanski ausgetauscht.

Lonsdale, Gordon
Von 1955 bis zu seiner Verhaftung 1961 durch den MI5 war Lonsdale der wichtigste sowjetische Maulwurf in Großbritannien. Eigentlich hieß er Konon Molody, gab sich aber als kanadischer Geschäftsmann aus. Als Mitglied eines Spionagerings verriet er Details über die britischen Unterwasser-Waffensysteme. 1964 wurde er gegen den britischen Agenten Greville Wynne ausgetauscht.

Mercader, Ramón
Der Spanier Mercader wurde vom sowjetischen Geheimdienst zum Attentäter ausgebildet. 1940 sollte er in Mexiko-Stadt Leo Trotzki töten, den im Exil lebenden Gegner des Diktators Stalin. Mercader bat Trotzki, einen von ihm verfassten Zeitungsartikel zu bearbeiten. Während Trotzki las, erschlug Mercader Trotzki mit einem Eispickel. Nach 20-jähriger Haft in Mexiko kehrte Mercader als Held nach Moskau zurück.

Michelson, Alice
1984 wurde Michelson, DDR-Bürgerin und Kurier des sowjetischen Geheimdiensts, verhaftet, als sie ein Flugzeug von New York nach Prag bestieg und Tonbandaufnahmen in einem Zigarettenpäckchen bei sich hatte. Zusammen mit drei weiteren osteuropäischen Spionen wurde sie gegen 25 Personen ausgetauscht, die in Gefängnissen der DDR und Polens saßen. Es war der größte Austausch von Spionen.

Harold J. Nicholson

Montes, Ana B.
Montes handelte aus politischer Überzeugung und wurde 1984 schon auf dem College als kubanische Spionin rekrutiert. 1985 begann sie in der US-DIA (Defense Intelligence Agency) zu arbeiten und lieferte bis zu ihrer Verhaftung 2001 dem kubanischen Geheimdienst streng vertrauliche Informationen.

Nicholson, Harold J.
Bei seiner Verhaftung am Flughafen in Washington, D.C., 1996 fand man bei Nicholson Filmrollen mit Aufnahmen streng geheimer Dokumente. Nicholson, der höchste CIA-Beamte, der je wegen Spionage verurteilt wurde, spionierte seit 1994 für die Russen.

Norwood, Melita
Die dienstälteste sowjetische Spionin in England begann mit ihrer Tätigkeit 1938. Als Schreibkraft einer Firma, die am streng geheimen Atombombenprojekt der Briten beteiligt war, lieferte sie Atomgeheimnisse an die Sowjetunion. Erst 1999, als sie 87 war, wurde sie enttarnt. Wegen ihres Alters verzichteten die Briten auf eine Anklage.

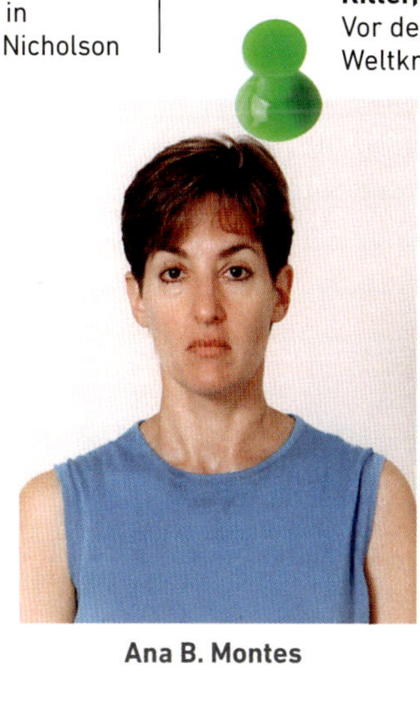
Ana B. Montes

Pitts, Earl E.
Für insgesamt 224 000 Dollar lieferte FBI-Agent Pitts zwischen 1987 und 1992 erst dem sowjetischen und dann dem russischen Geheimdienst vertrauliches Material, darunter eine Liste von FBI-Informanten in Russland. Pitts wurde mithilfe seiner Frau Mary enttarnt.

Pollard, Jonathan J.
Der 1985 verhaftete Pollard war ein Geheimdienstanalytiker der US-Navy und israelischer Spion. Seinen israelischen Agentenführern lieferte er so viel vertrauliches Material, dass sie die neuesten Fotokopiergeräte einsetzen mussten.

Jonathan J. Pollard

Regan, Brian
2001 wurde Regan, Ex-Sergeant der US-Air Force, verhaftet, als er in die Schweiz fliegen wollte. In seinem Schuh entdeckte man eine chiffrierte Nachricht. Monate später hatte man sie entschlüsselt. Sie enthielt die Standorte von 21 Verstecken mit geheimen US-Dokumenten. Der hoch verschuldete Regan hatte mit Iraks Diktator Saddam Hussein Kontakt aufnehmen und 13 Mio. Dollar für Informationen über US-Aufklärungssatelliten verlangen wollen.

Reilly, Sidney
Der in Russland geborene Abenteurer, der in der Revolution von 1917 für den MI6 spionierte, galt als „Ass der Spione". Er war ein Meister der Verkleidung, der sich als Mitglied der russischen Geheimpolizei Tscheka ausgab. Später übersiedelte Reilly nach New York, doch 1925 wurde er von den Briten überredet, nach Moskau zurückzukehren, wo er gefangen und hingerichtet wurde.

Ritter, Nicholas
Vor dem Zweiten Weltkrieg rekrutierte Ritter, ein Offizier der deutschen Abwehr, Agenten in den USA und England. Seinen größten Erfolg hatte er 1937, als sein Agent Herbert Lang ihm streng geheime Pläne für das *Norden*-Bombenzielgerät lieferte, mit dem Flugzeuge aus großer Höhe präzise Bomben abwarfen. Die in Teile zerschnittenen Pläne wurden in Zeitungen nach Deutschland geschickt.

Schadrin, Nikolaj
Als sich der sowjetische Marineoffizier Schadrin (wahrer Name Nikolaj Artamanow) in die USA absetzte, zwang ihn das FBI 1966, als Doppelagent zu arbeiten. Bei einem Besuch in Wien 1975 wurde er von KGB-Agenten entführt und kam bei einem Kampf mit seinen Entführern um.

Scranage, Sharon M.
Als Scranage 1983/84 für die CIA in Ghana tätig war, verriet sie CIA-Informanten und -Agenten an den ghanaischen Geheimdienst, der diese Informationen an Libyen, Kuba, die DDR und andere Verbündete der Sowjetunion weitergab.

Treholt, Arne
Treholt, Leiter der Pressestelle des norwegischen Außenministeriums, wurde 1984 verhaftet, als er mit einem Koffer voller vertraulicher Dokumente für den KGB nach Österreich fliegen wollte. Die Durchsuchung seines Hauses erbrachte weitere 6000 Seiten geheimen NATO-Materials. Treholt war erstmals 1980 in Verdacht geraten.

Arthur James Walker

Walker, Arthur J.
Seit 1980 gab der Ex-Lieutenant Commander der US-Navy Informationen über Konstruktion und Bau von US-Kriegsschiffen an seinen Bruder John, einen KGB-Spion (S. 8), weiter, während er für eine Abwehrfirma in Virginia arbeitete. Der Walker-Spionagering, dem auch Johns Sohn Michael und Jerry Whitworth angehörten, richtete großen Schaden für die USA an.

Whitworth, Jerry Alfred
Als Komplize der Walkers übergab Whitworth zwischen 1975 und 1982 den Sowjets Informationen über Kommunikationssysteme der US-Navy. Mithilfe der „Schlüssellisten" und Details über die kryptografische Ausrüstung der Navy konnten die Sowjets Nachrichten der US-Navy entschlüsseln. John und Michael Walker sagten gegen Whitworth aus, was das Strafmaß für Michael Walker verringerte.

Chronik

Das „goldene Zeitalter" der Spionage begann im frühen 20. Jahrhundert, als die Großmächte in der politischen Arena und auf dem Schlachtfeld aneinandergerieten. Einen Höhepunkt erlebte die Spionage während des Kalten Kriegs nach dem Zweiten Weltkrieg, als die USA und die Sowjetunion um die Weltherrschaft wetteiferten.

Computer *Colossus* in Bletchley Park (1944)

1909
Das British Secret Service Bureau wird gegründet. Aus ihm entsteht später der britische Auslandsgeheimdienst MI6.

1917
Mata Hari wird nach einem Prozess hingerichtet, in dem sie als Sündenbock für das Versagen der französischen Spionageabwehr herhalten muss.

1917
Gründung der Tscheka, der russischen politischen Polizei. Aus ihr geht später der KGB hervor.

1918
Die Sowjetunion bildet die Hauptverwaltung für Aufklärung beim Generalstab (GRU), den militärischen Auslandsgeheimdienst.

1923
Der deutsche Ingenieur Arthur Scherbius stellt seine Chiffriermaschine *Enigma* vor, die Deutschland im Zweiten Weltkrieg zur geheimen Nachrichtenübermittlung nutzt.

1939
Der Zweite Weltkrieg beginnt mit der Invasion Polens durch deutsche Truppen.

1940
Leo Trotzki, Gegner des sowjetischen Diktators Josef Stalin, wird in Mexiko ermordet.

1940
Großbritannien gründet die Special Operations Executive (SOE).

1941
Die USA errichten den COI (Coordinator of Information), den ersten zentralen Geheimdienst der Welt.

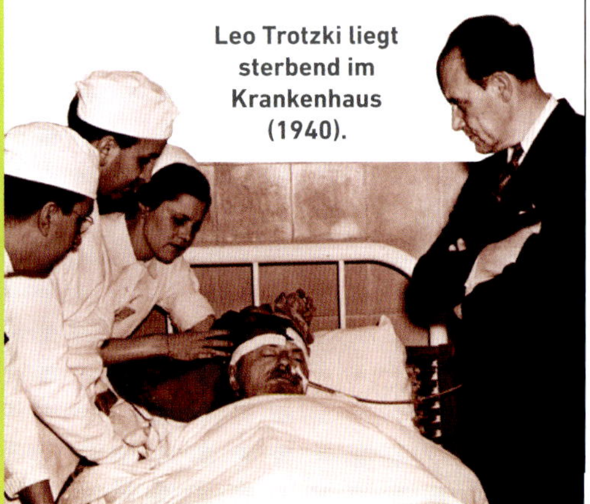

Leo Trotzki liegt sterbend im Krankenhaus (1940).

1941
Weil der US-Geheimdienst versagt hat, erleiden die USA einen verheerenden Überraschungsangriff durch japanische Flugzeuge auf Pearl Harbor und andere Marinestützpunkte auf Hawaii.

1941
Vergebens warnt der sowjetische Spion Richard Sorge Stalin vor deutschen Angriffsplänen. Er sagt auch voraus, dass Japan Niederländisch-Indien überfallen wird.

Ein US-Kriegsschiff brennt in Pearl Harbor (1941).

1942
Die USA gründen als Nachfolger des COI das Office of Strategic Services (OSS).

1943
Die Briten befestigen falsche „Geheimpläne" an einer Leiche und lassen sie in Spanien an Land spülen. Die Deutschen glauben, die Alliierten würden den Balkan und Sardinien erobern wollen – statt des wahren Ziels Sizilien.

1943
Der russische Physiker Lew Sergejewitsch Theremin entwickelt ein Abhörgerät mit einem radarähnlichen Signal. Es kann alle Gespräche in seiner Umgebung belauschen.

1943
Die Alliierten planen in Teheran die letzte Phase des Kriegs gegen Deutschland. Die Sowjets hören die US-Delegation ab und erfahren von deren geheimen Verhandlungspositionen.

1944
Mit dem weltweit ersten programmierbaren Computer *Colossus* werden im englischen Bletchley Park deutsche Nachrichten vor der Landung in der Normandie entschlüsselt.

1945
Der Zweite Weltkrieg endet mit dem Sieg der Alliierten, doch nun beginnt der Kalte Krieg. Der Westen wird von der Sowjetunion und ihren kommunistischen Verbündeten durch den Eisernen Vorhang getrennt.

1945
Beschlagnahmte *Engima*-Chiffriermaschinen werden von den Briten anderen Ländern zur geheimen Nachrichtenübermittlung gegeben. Doch diese Länder wissen nicht, dass die Briten ihre Nachrichten dechiffrieren können.

1945
Harry S. Truman wird Nachfolger von US-Präsident Theodore Roosevelt. Er erfährt erstmals vom geheimen Atombombenprojekt der USA, das Sowjetführer Stalin dank seiner Spione längst kennt.

1947
Präsident Truman richtet die Central Intelligence Agency (CIA) ein.

1949
Die Sowjetunion testet aufgrund ihres Wissens um westliche Atomgeheimnisse ihre erste Atombombe Jahre früher, als es der Westen erwartet.

1950
US-Senator Joseph McCarthy löst eine antikommunistische Hysterie aus – angeblich sei die US-Regierung von kommunistischen Spionen unterwandert. Jahre später belegen sowjetische Spionagearchive, dass er zum Teil recht hatte.

1952
In Moskau erweist sich, dass ein hölzernes Adlersiegel, das Junge Pioniere dem US-Botschafter 1945 überreichten, verwanzt ist. Das Büro des Botschafters wurde 7 Jahre lang abgehört.

1953
Die DDR gründet das Ministerium für Staatssicherheit (Stasi).

1953
Julius und Ethel Rosenberg, zwei amerikanische Kommunisten, werden wegen der Weitergabe von Kernwaffengeheimnissen an die Sowjetunion im Krieg hingerichtet.

1955
Die CIA und der MI6 bauen in Berlin einen Spionagetunnel, um ein Telefonkabel zwischen den sowjetischen Streitkräften und Moskau anzuzapfen. Der MI6-Beamte George Blake informiert die Sowjets.

1956
Erster Überflug der Sowjetunion durch das neue US-Spionageflugzeug *U2*

1959
Start des *Corona*-Satelliten, mit dem die CIA die UdSSR, China und andere Gebiete fotografiert

1960
U2-Pilot Gary Powers wird über der Sowjetunion abgeschossen.

1961
Wegen Kubas Verbindungen zur Sowjetunion veranlasst US-Präsident John F. Kennedy eine Invasion. Die von der CIA ausgebildete Brigade 2506 landet in der Schweinebucht und wird abgewehrt.

1963
Die CIA gibt einem kubanischen Agenten einen mit einer giftigen Injektionsnadel präparierten Füller, um Kubas Führer Fidel Castro zu ermorden. Der Plan scheitert.

1963
Ex-MI6-Offizier Kim Philby wird als KGB-Agent entlarvt. Er entkommt in die UdSSR.

1967
US-Offizier John Walker wird Sowjetspion. In den nächsten 17 Jahren entschlüsseln die Sowjets über 1 Mio. geheimer Nachrichten.

1972
Der britische Doppelagent Anthony Blunt wird als KGB-Spion enttarnt.

1974
Ein als Bohrplattform getarntes US-Schiff birgt Teile des sowjetischen U-Boots *K-129*, das 1968 in 5120 m Tiefe versunken war.

1978
Bulgarische Agenten töten den Dissidenten Georgi Markov mit einer aus einem Regenschirm abgeschossenen Giftkugel.

1979
FBI-Agent Robert Hanssen dient sich dem KGB in der Sowjetisch-Amerikanischen Handelsorganisation in New York als Spion an.

US-Präsident John F. Kennedy veranlasst 1961 eine CIA-Invasion von Kuba.

1980
CIA-Tarnexperte Tony Mendez reist in den Iran, angeblich um Schauplätze für ein Filmprojekt auszuwählen. Er schafft sechs US-Geiseln außer Landes – verkleidet als Mitarbeiter seines Filmteams.

1981
Der Türke Mehmet Ali Ağca schießt Papst Johannes Paul II. in Rom an. Italien beschuldigt den bulgarischen Geheimdienst als Drahtzieher des Attentats.

1985
KGB-Oberst Oleg Gordijewski, ein Maulwurf des MI6, entkommt der Überwachung des KGB in Moskau.

1985
KGB-Kommandeur Witali Jurtschenko läuft in Rom zur CIA über und wird in die USA ausgeflogen. Er kehrt wieder zurück und behauptet, die Amerikaner hätten ihn gekidnappt.

1985
CIA-Agent Aldrich Ames dient sich dem KGB an. Er verrät alle US-Quellen im KGB, was zu mindestens zehn Hinrichtungen führt.

Der Fall der Berliner Mauer (1989)

1985
Frankreichs Geheimdienst DGSE versenkt das Greenpeace-Schiff *Rainbow Warrior*, damit es einen Kernwaffentest im Pazifik nicht behindert.

Die *Rainbow Warrior* wird versenkt (1985).

1986
Ein Überläufer verrät der CIA den Einsatz von „Spionagestaub" (Nitrophenylpentadienal oder NPPD) durch den KGB in Moskau, um die Bewegungen von Diplomaten zu verfolgen, die als CIA- und MI6-Agenten gelten.

1986
Der israelische Dissident Mordechai Vanunu (S. 43) reist nach London mit Fotos des geheimen Atomprogramms Israels. Er wird von „Cindy", einer getarnten israelischen Agentin, nach Rom gelockt, dann betäubt, nach Israel zurückgebracht und inhaftiert.

1989
Die Berliner Mauer wird geöffnet.

1991
Der Zusammenbruch der Sowjetunion bedeutet das Ende des Kalten Kriegs. Der Auslandsgeheimdienst des KGB wird von einem neuen Dienst, dem SWR, abgelöst.

1999
FBI-Agent und SWR-Maulwurf Robert Hanssen verrät den Russen einen geheimen Abhörtunnel unter der russischen Botschaft in Washington, D.C.

1999
SWR-Offizier Stanislav Gussef wird vor dem US-Außenministerium verhaftet, wo er heimlich einen Konferenzraum verwanzt hatte.

2003
Die USA und ihre Verbündeten marschieren in den Irak ein unter dem Vorwand, Diktator Saddam Hussein habe „Massenvernichtungswaffen". Die Belege erweisen sich später großenteils als falsch.

2006
Alexander Litwinenko, Ex-Oberstleutnant des russischen FSB, stirbt in London. Russische Agenten sollen ihn mit Polonium vergiftet haben.

2013
Whistleblower Edward Snowden berichtet über illegale Abhör- und Spionagemethoden von NSA und CIA. Auch das Handy von Bundeskanzlerin Angela Merkel wurde angezapft.

2018
Sergei Skripal, Ex-Oberst des russischen GRU, überlebt in Salesbury (England) nur knapp einen Giftanschlag. Die Briten erklären, Russland sei „sehr wahrscheinlich" für den Anschlag verantwortlich.

Neugierig geworden?

Geheimagenten sammeln Informationen auch über „offene Quellen" wie Zeitungen und Fernsehen. Die größte offene Informationsquelle, das Internet, steht natürlich auch dir zur Verfügung, um mehr übers Spionieren zu erfahren. Museen und Ausstellungen informieren ebenfalls über das Thema. Romane und Filme vermitteln eine unterhaltsame (wenn auch nicht authentische) Vorstellung vom geheimen Leben der Spione.

Spione im Film

James Bond alias 007 ist der berühmteste Filmspion der Welt. Autor Ian Fleming schrieb 14 Romane über ihn und es gibt über 20 Bond-Filme. Der erste war *Dr. No* (1962), der jüngste ist *Spectre* (2015).
Nach den Romanen von Robert Ludlum entstanden ab 2002 fünf Filme um den CIA-Agenten Jason Bourne, der sein Gedächtnis verloren hat, zuletzt *Jason Bourne* (2016).
Viele Puristen, die die wahre Welt der Spionage kennen, halten *Der Spion, der aus der Kälte kam* (1965) nach einem Roman von John le Carré für den besten Spionagefilm.

Szene aus der Spionageparodie *Austin Powers*

Es gibt auch Comedyspione wie Austin Powers im Film *Austen Powers – was Ihre Majestät zu bieten hat* (1997) und Johnny English, der inzwischen in drei Filmen (2003, 2011 und 2018) eine Bond-Parodie darstellt.
Filme für Kinder sind *Spy Kids* (2001), *Spy Kids 2 – Die Rückkehr der Superspione* (2002) und *Mission 3-D* (2003). Sie schildern die Abenteuer von Juni und Carmen Cortez, den Kindern von Superspionen. Alex Rider, der als Teenager für den MI6 arbeiten muss, schaffte den Sprung vom Roman auf die Leinwand 2006 mit dem Film *Stormbreaker*.

↓International Spy Museum

Das größte Spionagemuseum der Welt steht in Washington, D. C. Besucher lernen zunächst die Fähigkeiten von Spionen kennen und erfahren dann, wie mehr oder weniger berühmte Spione Geschichte machten. Auch Spionagefilme sind hier ein Thema: Eine der beliebtesten Attraktionen ist James Bonds *Aston Martin DB5* aus dem Film *Goldfinger* (1964).

↑Spionagebücher

Nur wenige Spionageromane sind realistisch: Echte Spionage hat mit dem heimlichen und akribischen Sammeln von Informationen für die Regierung zu tun und weniger mit brandgefährlichen Abenteuern. Doch unterhaltsam sind diese Romane allemal. Für junge Leser geschrieben sind Charlie Higsons Geschichten über den jungen James Bond wie *Goldenboy* (2007) und *Der Tod kennt kein Morgen* (2008) sowie Anthony Horowitz' Romane über den Teenagerspion Alex Rider, *Stormbreaker* (2000) und *Snakehead* (2007).

Ausstellungsstücke im International Spy Museum in Washington, D. C. (USA)

Kopfhörer eines Kryptoanalytikers und Abschriften aus Bletchley Park (Großbritannien)

←Bletchley Park

Im Zweiten Weltkrieg war Bletchley Park bei Milton Keynes das Hauptquartier des britischen Geheimdiensts. Zu den interessantesten Ausstellungsstücken zählen die „Bombe", die Maschine, die die deutschen *Enigma*-Codes knackte, sowie *Colossus*, der erste programmierbare elektronische Computer der Welt, der die Codes der deutschen *Lorenz*-Maschine entschlüsselte.

Internetadressen

- Spannende Informationen zu Spionage in der Wirtschaft. **https://www.planet-wissen.de/gesellschaft/verbrechen/spione/pwiewirtschaftsspionage100.html**
- Erfahre mehr über Geheimcodes. **https://www.kindernetz.de/info-netz/laenderundkulturen/geheimschriften/-/id=22494/nid=22494/did=22486/goy9x4/index.html**
- Hier kannst du dir Filme über die Verschlüsselungsmethoden der Römer und über die berühmtesten Spioninnen ansehen. **https://www.planet-wissen.de/gesellschaft/verbrechen/spione/pwvideoplanetwissenvideoverschluesselungsmethodenderroemer100.html**
- Lerne ein paar Tricks, mit denen du selbst eine Geheimschrift entwickeln kannst. **https://www.stopkidsmagazin.de/GEHEIM_SCHRIFT/geheim_schrift.html**

Enigma-Maschinen im Nationalen Kryptologischen Museum in Maryland (USA)

↑National Cryptologic Museum

Das neben dem Hauptquartier der National Security Agency gelegene Museum enthält Tausende Objekte, die die Rolle der Kryptologie in der Geschichte der USA belegen. Besucher erfahren viel über die Menschen, die sich der Kryptologie widmeten, und die Maschinen und Geräte, die sie entwickelten.

Untersuchen von Abhörgeräten im Spymasters in Cambridge

←Teste deine Spionage-Fähigkeiten

Es gibt spannende Freizeitangebote, bei denen man sich in Rollenspielen als Spion beweisen kann. Im Spymasters in Cambridge (Großbritannien) sollen Besucher Geheimnisse aus einer fiktiven ausländischen Botschaft entwenden, ohne von Alarmanlagen, Sensoren und Kameras entdeckt zu werden.

Glossar

Abwehr Ein umfassender Begriff, der Aktionen gegen Auslandsgeheimdienste sowie den Schutz von Menschen, Informationen, Geräten und Einrichtungen vor Spionage, Sabotage und Terrorismus bezeichnet.

Agent Eine Person, die inoffiziell für einen Geheimdienst arbeitet.

Agent im Objekt Ein von einem Geheimdienst rekrutierter Agent, der bereits in der Zielorganisation tätig ist.

Agentenführer Ein für einen Agenten zuständiger Geheimdienstoffizier.

Anzapfen Das Überwachen von Telefongesprächen durch Dritte, oft durch verdeckte Mittel.

Attentäter Jemand, der für Geld oder aus politischen Gründen eine politisch bedeutsame Person ermordet.

Aufklärung Eine Mission, um Informationen zu gewinnen, meist vor einer Geheimoperation.

Chiffre Ein Code, der nur mit einem geheimen „Schlüssel" zum Entschlüsseln von Nachrichten verstanden werden kann.

Tscheka-Ausweis

CIA (Central Intelligence Agency) Der für das weltweite Sammeln von Geheiminformationen und die Spionageabwehr im Ausland zuständige US-Nachrichtendienst.

Code Ein System zum Übermitteln von Nachrichten durch systematisches Ersetzen des Originaltextes durch Buchstaben, Zahlen oder Symbole.

COMINT (Communications Intelligence) Informationen, die heimlich aus der Kommunikation zwischen Menschen gewonnen werden, durch Anzapfen von Telefonen, Öffnen von Post und Raumwanzen.

DGSE (Direction Générale de la Sécurité Extérieure) Frankreichs Auslandsgeheimdienst, entspricht dem britischen MI6 und der CIA der USA.

Dietrich Speziell geformtes Werkzeug, mit dem man Schlösser ohne Schlüssel öffnet.

Doppelagent Ein Agent eines Geheimdiensts, der von einem anderen Geheimdienst rekrutiert und geführt wird und insgeheim gegen seinen ursprünglichen Dienst arbeitet.

In einem Buch versteckte Kamera

Eiserner Vorhang Die militärische, politische und ideologische Barriere zwischen den Ländern des Westens und der Sowjetunion und ihren kommunistischen Verbündeten von 1945–1991.

Empfänger Ein elektronisches Gerät, das Signale von einem Sender empfängt.

Enigma Eine elektromechanische Chiffriermaschine, die dem deutschen Militär im Zweiten Weltkrieg zum Chiffrieren und Dechiffrieren von Nachrichten diente. Das Knacken der *Enigma*-Codes trug entscheidend zum Sieg der Alliierten bei.

FBI (Federal Bureau of Investigation) Die für die Spionageabwehr und die Verfolgung anderer Verbrechen in den USA zuständige Behörde.

Gestapo (Geheime Staatspolizei) Die für die innere Sicherheit Deutschlands im Zweiten Weltkrieg zuständige Geheimpolizei.

GRU Der 1918 gegründete russische militärische Geheimdienst, der den Zusammenbruch der Sowjetunion 1991 überdauerte.

HVA (Hauptverwaltung Aufklärung) Der Auslandsnachrichtendienst der DDR.

Hydrofon Ein Gerät, das Schall unter Wasser wahrnimmt oder aufzeichnet.

Industriespionage Der geheime Erwerb von Informationen über ein Unternehmen durch eine Konkurrenzfirma oder einen Geheimagenten.

Informant Jemand, der geheime oder vertrauliche Informationen verrät, oft für Geld.

Kalter Krieg Die konfliktreiche Zeit der Konkurrenz zwischen den USA und der Sowjetunion und ihren jeweiligen Verbündeten von 1945–1991.

KGB Der Nachrichten- und Sicherheitsdienst der Sowjetunion von 1954–1991.

Kryptoanalyse Die Entschlüsselung von Chiffren und anderen Arten von Codes, um versteckte Nachrichten zu lesen.

Kurier Eine Person, die wissentlich oder unwissentlich Geheimmaterial für einen Geheimdienst befördert.

Landesverrat Ein Verbrechen, das einen schwerwiegenden Akt der Illoyalität gegenüber dem eigenen Land darstellt.

Lauschposten Ein Ort, an dem von Wanzen und anderen elektronischen Überwachungsgeräten empfangene Signale abgehört werden.

Maulwurf Ein Mitarbeiter oder Offizier eines Geheimdiensts, der im Geheimen für einen anderen Geheimdienst arbeitet.

MI5 (Military Intelligence, Section 5) Englands MI5 hat keine militärischen Verbindungen mehr. Er heißt offiziell *Secret Service* und ist für die innere Sicherheit zuständig.

MI6 (Military Intelligence, Section 6) Englands MI6 hat keine militärischen Verbindungen mehr. Er heißt offiziell Secret Intelligence Service (SIS) und ist für den Auslandsgeheimdienst zuständig.

Mikropunkt Optische Verkleinerung von Texten, Bildern oder Fotonegativen auf ein Format (meist 1 mm oder kleiner), das ohne Vergrößerung nicht lesbar ist.

Morsecode Ein international anerkannter Code, der Buchstaben und Zahlen durch Folgen von Punkten und Strichen ersetzt.

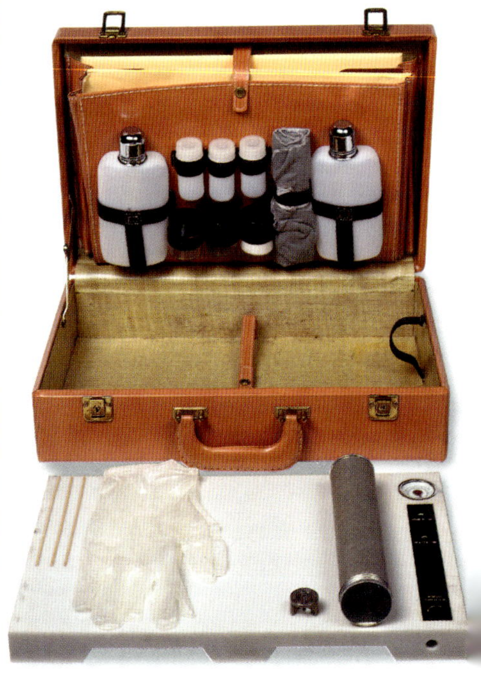

Aktenkoffer mit versteckter Ausrüstung zum heimlichen Öffnen von Briefen (um 1960)

Abzeichen von Amerikas NSA

Mossad Der israelische Auslandsgeheimdienst.

Nachrichtendienst Ein Geheimdienst, der für einen Bereich der nationalen Sicherheit zuständig ist.

NATO (North Atlantic Treaty Organization) Ein im Kalten Krieg gegründetes Militärbündnis, das aus Ländern von Nordamerika und Westeuropa besteht.

Neutralisieren Das Ausschalten eines Spions, indem man ihn öffentlich exponiert, sodass er nicht mehr geheim arbeiten kann, ihn ausweist oder strafrechtlich verfolgt.

NSA (National Security Agency) Die für den Schutz der staatlichen Informationen und Kommunikationen zuständige US-Behörde, die oft mit Verschlüsselungen arbeitet. Sie sammelt und analysiert auch ausländische Signale, oft durch Kryptoanalyse.

Resident Ein Agent, der in einem fremden Land ohne diplomatischen Schutz, aber mit einer falschen Identität operiert. Er hat meist keinen Kontakt zu seiner Botschaft und wird von Geheimdiensten im eigenen Land gesteuert.

RFID-Chip (Radio-Frequency Identification Chip) Ein kleiner Computerchip, der Funksignale sendet. RFID-Chips lassen sich in Pässe und Ausweise integrieren, um sie fälschungssicher zu machen. Sie werden auch in Supermarktwaren eingesetzt, um Einkäufe zu überwachen. Sicherheitsdienste verfolgen damit die Bewegungen bekannter Spione.

KGB-Abzeichen

Sabotage Verdeckte Aktionen, die einen Feind oder Gegner durch die Zerstörung von Eigentum oder die Unterbrechung wichtiger Dienste schwächen.

Sender Ein elektronisches Gerät, das elektrische, Funk- oder Mikrowellensignale erzeugt und sie an einen Empfänger sendet.

Spion Ein Agent, der für einen Staat Geheiminformationen über Feinde sammelt, oder ein Mitarbeiter eines Unternehmens, der vertrauliche Informationen über Konkurrenten einholt.

Spionage Das Erlangen geheimer oder vertraulicher Informationen über die Pläne und Aktivitäten einer ausländischen Regierung, eines konkurrierenden Unternehmens oder anderer Organisationen mithilfe von Spionen.

Spionageabwehr Operationen zum Unterwandern feindlicher Auslandsgeheimdienste.

Stasi (Staatssicherheitsdienst) Die Sicherheitsorganisation der DDR, deren HVA für Auslandsgeheimdienstoperationen zuständig war. Das Ministerium für Staatssicherheit wurde 1990 aufgelöst. *Siehe auch* HVA

SWR Russischer Auslandsnachrichtendienst. Er löste 1991 die Auslandsnachrichtenabteilung des KGB ab.

Terrorismus Die Anwendung von extremer Gewalt wie Bombenexplosionen zur Erzeugung von Angst bei Gegnern, um ein politisches Ziel zu erreichen.

Toter Briefkasten Ein Versteck, meist in einem getarnten Behälter, für die geheime Kommunikation und den Austausch von Material zwischen einem Spion und seinem Agentenführer.

Trojaner Schadsoftware, die den PC „infiziert", um z. B. Daten von der Festplatte zu stehlen.

Tscheka Die 1917 gegründete russische Geheimpolizei. Aus ihr ging später der KGB hervor.

UAV (Unmanned Aerial Vehicle) Ein Flugzeug ohne Pilot, das ferngesteuert oder durch einen vorprogrammierten Computer gelenkt wird. UAVs werden oft für militärische Aufklärungs- und Angriffsmissionen ebenso wie zur Spionage eingesetzt.

Überläufer Eine Person, die freiwillig ein Land verlässt und sich der Kontrolle seines Geheimdienstes entzieht, um den Interessen eines anderen Landes zu dienen.

Überwachung Die Beobachtung aus der Distanz mithilfe elektronischer und anderer akustischer und optischer Geräte.

Umdrehen Einen Spion zwingen, als Doppelagent gegen seinen ursprünglichen Geheimdienst zu arbeiten, meist indem man ihn mit Beweisen seiner Schuld konfrontiert und ihm für seine Kooperation Straffreiheit anbietet.

Verstecke Dienen dem Verbergen von Nachrichten, Codes, Wanzen oder anderen Spionagematerialien in Alltagsobjekten.

Verwürfelungsmaschine Ein Gerät, das das Belauschen eines Telefongesprächs durch Umstellen der gesendeten Daten verhindert.

Videoüberwachungsanlage Sie überträgt Signale an eine Reihe spezieller Bildschirme und dient der Überwachung der öffentlichen oder privaten Sicherheit.

Wanze Ein oft mit einem Sender verbundenes verstecktes Mikrofon, mit dem Gespräche heimlich belauscht werden.

Warschauer Pakt Das Militärbündnis der Sowjetunion und anderer kommunistischer Länder in Mittel- und Osteuropa während des Kalten Kriegs zwischen 1955 und 1991.

Whistleblower Bezeichnung für Personen, die Informationen über Missstände preisgeben, die für die Allgemeinheit interessant sind.

Im Zweiten Weltkrieg verwendeter amerikanischer Funksender und -empfänger

Register

A B

Abel, Rudolph 39, 64
Abhöranlage 14–17, 48
Abhören 10–11, 14–16, 44–45
Ağca, Ali 67
Agee, Philip 64
Alexander der Große 7
Ames, Aldrich und Rosario 34
André, Major John 30
Angleton, James Jesus 50
„Annette" 24, 32, 33, 58
Antennen 23, 44, 45, 49
ASIS (Australien) 63
Attentäter 28, 30, 36, 40, 41
Ausrüstung 10–19
Babington, Anthony 25
Baden-Powell, Robert 24
Bakterien, tödliche 36
Bazna, Elyesa *siehe* „Cicero"
Bell, William H. 64
Berliner Mauer 38, 39
Beschattung 12, 13, 48
Bestechung 33, 45
biometrische Daten 57
Blackbird 52, 53
Blake, George 62, 65
Bleistift 36
Bletchley Park 26
Blunt, Anthony 59
Bomben 38, 42, 55–57
Bond, James (007) 58, 61
Bossard, Frank 50
Boyd, Belle 30
Brieföffner 50
Brieftaube 18, 19
Bundesnachrichtendienst (BND) 42, 62
Burenkrieg 31
Burgess, Guy 59

C D

Carney, Jeffrey M. 64
Castro, Fidel 36, 43
„Céline" 58, 59
Chiffrierung 23–27, 35, 42
Chokolow, Nikolaj 64
CIA 9, 14, 34, 36, 39, 41–43, 46, 50, 51–54, 60, 62
„Cicero" 31
Code 24–26, 32, 40–42, 48
  knacken 26, 27
Coleridge, Major H. P. 31
Colossus 26, 66
Computer 26, 44, 46, 47, 51, 53
Conrad, Clyde L. 64
Cooper, James F. 60
Cormeau, Yvonne *siehe* „Annette"
Dalton, Hugh 66
Dechiffrierer 25–27
Dejean, Maurice 8
DGSE (Frankreich) 43, 62
Dietrich 11
Diplomaten 8, 9, 12, 25, 26, 29, 31, 34, 40
Doppelagenten 28, 29, 34, 35, 48, 50
Drogenhandel 51, 54
Drohnen 52
Dschingis Khan 7
Duftspuren 21
Dukes, Paul 29
Dulles, Allen 60
Dumas, Alexandre 60

E F

Eiserner Vorhang 38, 39
Elisabeth I. 25, 28, 41
Enigma 25–27, 64
Entführung 43
Entwanzung 48, 51
Eon, Chevalier d' 28, 29
Erpressung 8, 12, 40, 41
Erster Weltkrieg 20, 21, 22, 24, 28, 31
Fallschirm 18, 19, 32
Falscher Stein 28, 65
Falschinformation 48
FBI 40–42, 45, 55, 65
Fleming, Ian 7, 10, 58–61
Forsyth, Frederick 60
Fotografieren 10–13, 23, 27, 31, 35, 38, 47, 52, 53
Französischer Widerstand 58, 59
Fraser-Smith, C. 10, 61
Friedman, William F. 27
Fuchs, Klaus 64
Funken 22, 23, 32
  Empfänger 11, 14–16, 22
Funksignal 16, 42, 48–50
  Scanlock 49

G H

Geheimdienstausweis 27
Geheimdienstchef 40
Geheimdienste
  Deutschland 42–43, 56, 62
  Großbritannien 9, 10–11, 26–27, 42, 62
  siehe auch MI5, MI6, SOE
  Österreich 41
  Polen 25
  USA 42, 54
Geheimfach 28, 32
Geheimnachricht 7, 22, 23, 28
Geheimpapier 30
Geheimpolizei 29, 41
Geheimsignal 23
Gestapo 58
Gifford, Gilbert 28
Giftkugel 36
Giftpille 32
Gordijewski, Oleg 35
Gouzenko, Igor 35
Guillaume, Günter 64
Gussef, Stanislaw 67
Guzmán, Abimael 55
Handy 15, 22, 57
Hanssen, Robert P. 64
Hayashi, Kenji 47
Heinrich VIII. 40
Hitachi 47
Hoover, J. Edgar 40, 41
Howard, Edward L. 64
Hydrofon 52, 54

I J K

Insektohopter 21
Internet 22, 44, 48, 56, 57
Irisscanner 57
Ismailow, Wladimir M. 64
Iwan der Schreckliche 40
Johannes Paul II., Papst 67
Josua 6
Jurtschenko, Witali 67
Kalter Krieg 21, 36, 38, 39, 41, 42, 51, 53, 54, 57
Kameras 10–13, 20, 23, 28, 44, 48, 51, 52, 56
  Video- 45
Karten 11, 18, 19, 32
Kartenspielen 11
Kennedy, John F. 67
KGB 35, 43, 50, 59–61, 62
Köcher, Karel 64
Kofferradio 23
Kommunisten 35, 36, 50
Kompass 11, 18, 19
Krawatte (aus Draht) 16
Kriegsspione 6–11, 30–33, 58, 59
Kroger, Helen und Peter 23
Kryptoanalytiker 26–27

L M

Le Carré, John 60
Leuchtender Pfad 55
Lincoln, Abraham 30, 31
Litwinenko, Alexander 67
Lonsdale, Gordon 63
Lopez, José Ignacio 46
Lotz, Wolfgang 60
Louk, Mordecai 29
Ludlum, Robert 68
Maclean, Donald 59
Mafia 43, 55
„Major Martin" 27
Maria Stuart 25, 28, 41
Markov, Georgi 36, 65
Maschinengewehr 24, 54
Mata Hari 58, 66
Maulwürfe 9, 50
McCarthy, Joseph 66
Mendez, Tony 67
Mercader, Ramón 65
Messer 10, 32, 36, 37
MI5 42, 50, 55, 59, 60
MI6 9, 23, 35, 42, 60, 62
Michelson, Alice 65
Mikrochips 20, 21, 51, 57
Mikrofilm 23, 28
Mikrofone 14–17, 44, 45, 48
Minnesänger 8
MOIS (Iran) 63
Montes, Ana B. 65
Morsecode 24, 32
Mossad (Israel) 43, 62
MSS (China) 42, 63

N O P

Nachrichtendienste *siehe* Geheimdienste
Nachtsichtgeräte 12, 13
NATO 39
Nicholson, Harold J. 65
Ninja 40
Norwood, Melita 65
NSA (National Security Agency) 42
Opritschniki 40
OSS (Office of Strategic Services) 10
Palmer, Harry 60
Pearl Harbor 27
Penkowsky, Oleg 59
Philby, Kim 35, 59
Pinkerton, Allan 30, 31
Piotrovsky, Genosse 29
Piraterie 47
Pistolen 36, 37, 43
Pitts, Earl E. 65
Pollard, Jonathan J. 65
Popov, Dusko 27, 58
Powers, Austin 68
Powers, Gary 39
Purpur 27

Q R S

R&AW (Indien) 62
Radar 14, 52
Rahab 6
Rainbow Warrior 62, 67
Raketen 38, 53, 54, 59
Redl, Alfred 41
Reed Olsen, Olaf 22, 23
Regan, Brian 55, 65
Reilly, Sidney 65
RFID-Chips 51, 57
Richelieu, Kardinal 41, 60
Rimington, Stella 42
Ring 28
Ritter, Nicholas 65
Roboter 20, 21
Ro-Code 27
Romane 7, 60–61
Rosenberg, Ethel und Julius 50
Sabotage 32, 37
Sansom, Odette *siehe* „Celine"
Satelliten 42, 52
Schiffe 21, 23
Spionage 38, 52–54
Schadrin, Nikolaj 65
Schmuggel 46, 54
Schusswaffen 24, 36, 54
Schwarze Kammer 27
Schwarzes Kabinett 41
Scipio der Ältere 40
Scranage, Sharon M. 65
Secret Intelligence Service (SIS) *siehe* MI6
Seismograf 52, 53
Selbstmordpille 32
SMERSH 51
SOE 18, 19, 24, 31–33, 36, 58, 59
Sorge, Richard 27, 34
Spezialkleidung 16, 28–33, 37, 58
Spiegel 13, 49
Spionageabwehr 42–45, 48–51, 54–55
Spionagefilme 60, 61
Spionageflugzeug 52, 53
Spionagering 28, 37, 41
Spionageromane 58, 60, 61
Spionagestaub 51
Stalin, Josef 65
Stasi 21, 41, 42
Stift 10, 11, 17
Stimson, Henry L. 66
Sun Zi 34
SWR 43, 63
Szabo, Violette 31

T U V

Tarnung 28–29, 32–33
Terrorismus 54, 55, 56
Theremin, Lew 66
Tierspione 18–21
Tracker 57
Treholt, Arne 65
Trotzki, Leo 65
Truman, Harry S. 66
Tscheka 29
U2-Spionageflugzeug 39
U-Boote 52, 53
Überläufer 34, 50
Überwachung 44, 48–53
Überwachungskameras 45, 51, 56
unsichtbare Tinte 22
USA
  Bürgerkrieg 30
  Codeabteilung der Armee 27
  Luftwaffe 53
  Marine 10
  Marinegeheimdienst 37
USB-Stick 45
Vanunu, Mordechai 43
Verrat 40, 41, 54
Verräter 34, 50
Verwürfelungsmaschine 48
Vögel 18–19, 20

W Y Z

Waffen 12, 14, 15, 24, 28, 31, 32, 36, 37
Walker, Arthur J. 65
Walker, John 10, 65
Walsingham, Francis 41
Wanzen 14–17, 20, 44, 45, 48, 49
Warschauer Pakt 36, 38, 39
Whitworth, Jerry Alfred 65
Wirtschaftsspionage 19, 44–47, 59
Wolf, Markus 41
Wolsey, Kardinal 40
Wu Tai Chin, Larry 9
Yardley, Herbert O. 27
Yeo-Thomas 58
Zweiter Weltkrieg 7, 8, 24, 25, 10, 11, 18, 20 26, 27, 31, 32,34, 59

Dank und Bildnachweis

Dorling Kindersley dankt Audiotel International Limited (Keith Penny, Ray Summers, Julie Walker, Adrian Hickey); Eon Productions (Julie O'Reilly); dem Imperial War Museum, London (Paul Cornish, John Bullen, Mike Hibbard); dem Intelligence Corps Museum, Ashford (Major R. W. M. Shaw, Janet Carpenter); Leica UK Ltd. (Peter Mulder); Lorraine Electronics Surveillance (David Benn, Simon Rosser); H. Keith Melton; Next Retail Ltd. (Shirley Brown, Hilary Santell); Joanne Poynor; Spycatcher (Mike Phillips); Whitbread plc (Nicholas Redman, Archivar); für die Unterstützung bei der Gestaltung: Ann Cannings, Jason Gonsalves, Sailesh Patel; für die Taube: Rick Osman; für den Taubenfallschirm: Martine Cooper; für die Illustrationen: John Woodcock; Lisa Stock für Lektoratsassistenz.

Der Verlag dankt den folgenden Personen und Organisationen für die freundliche Genehmigung zum Abdruck von Fotos:

(Abkürzungen: o = oben, u = unten, m = Mitte, l = links, r = rechts, g = ganz, Hg = Hintergrund)

akg-images: J.V. Leffdoel *Scipio Publius Cornelius* 40gol; Ullstein Bild 20ul. Alamy Images: Ruth Grimes 17mlu (Aufnahmegerät in Aktentasche); Jeff Morgan Technology 58u; Katharine Andriotis Photography, LLC 64–65 (Hg), 66–67 (Hg), 68–69 (Hg), 70–71 (Hg); Kolvenbach 57gol; Stocksearch 51ur; Andrew Twort 10mlu; Andrew H. Williams 58l. Ancient Art & Architecture Collection: 6gol, 6ul, 6um. Mit frdl. Genehmigung von Apple. Apple und das Apple-Logo sind Markenzeichen von Apple Computer Inc., eingetragen in den USA und in anderen Ländern: 15ur. Associated Press Ltd.: 9gor, 29ul, 35go, 35ur, 43m, 47ul, 52gor; Wire Photo 53mr. Aviation Photographs International: 38gol. Bildarchiv Preußischer Kulturbesitz: 25ml. Bilderdienst Süddeutscher Verlag: 27ml. Bridgeman Art Library: Guildhall Art Gallery, Corporation of London, Sir John Gilbert, Bilddetail aus *Ego Et Rex Meus* 40ml; Privatsammlung, I. Glasunov Iwan Der Schreckliche 1989, 40ul; mit frdl. Genehmigung des Kuratoriums des V & A Museums, London, Nicholas Hilliard, *Mary Queen of Scots* 28ml. Camera Press Ltd.: 35gor, 39ml; R. Artacho 55mro; S. Ferguson 42ur; B. Ross 58ro. Jean-Loup Charmet: Bibliothèque des arts décoratifs, Lucien Laforge *L'Espion*, 1916, 31gom. Corbis: Bettmann 67m; Hulton-Deutsch Collection 66u. Diasonic: 17gor. DK Images: H. Keith Melton Collection 70u, 70m, 70go, 71u, 71m. Eon Productions: Keith Hamshere / United Artists (*Golden Eye*) 4mu, 61gor, 61mr, 61ur. Abdruck des Satellitenbilds mit frdl. Genehmigung von GeoEye. Copyright 2008. Alle Rechte vorbehalten: 54gol. E.T. Archive: Biblioteca Nazionale Marciana, Venedig 9gor; Musée de Versailles, Philippe de Champaigne, Bilddetail von *Cardinal Richelieu* 41mr; Staatliche Glyptothek, München 9gol; V & A Museum, London 9gom. Frank Spooner Pictures: Gamma-Liaison 9ml. Getty Images: 66m; AFP 67go; Stuart Paton / The Image Bank 45u; Tom Stoddart Archive 67u. Mit frdl. Genehmigung von Giggle Bug: 59gor. Michael Holford: Musée de Bayeux / V & A Museum, London: 8–9u. Hulton Deutsch Collection: 8mr, 38m, 41m, 41ul, 58l, 57gom, 59ur, 59l. Imperial War Museum, London: 18mr, 23um, 29gol, 36gor, 58ur; Fougasse *Careless Talk Costs Lives* 8gor. Mit frdl. Genehmigung des International Spy Museum: © The House on F Street, LLC 2008. Alle Rechte vorbehalten. 68ur; © The House on F Street, LLC 2008. Alle Rechte vorbehalten 20gol. iStockphoto.com: 12 (Kamera mit Zoomlinse); Mark Evans 55u. The Kobal Collection: New Line 68ul. Lockheed Martin Skunk Works®: 52–53u, 53go. Magnum Photos Ltd.: E. Erwitt 43ml; S. Meiselas 54ul; E. Reed 17mr; Zachmann 55mo. The Mansell Collection: 8gol. Mary Evans Picture Library: 29r, 40m; J. Mammen 12gol. H. Keith Melton: 10ur, 11gol, 11gom, 11u,15ur, 20mu, 23m, 27mr, 28gol, 28ur, 28ul, 28gor, 30ur, 36ur, 37gor, 37gol, 37m, 37u, 42ul, 43gol, 43gor, 43ur, 45gol, 50l, 50–51u, 51ml, 64u, 64m, 64go, 65u, 65mo, 65mu, 65go; Jerry Richards vom Labor des FBI, Washington D.C. 8ml, 8m; Jack Ingram, Kurator des National Cryptologic Museum, Maryland, USA 14ml, 14m, 27gor. Mirror Syndication International: 27u, 50gor; Aldus Archive 24gol; Aldus Archive / Science Museum / Eileen Tweedy 24ml; Rijksinstituut voor Oorlogsdocumentatie 9m; National Archives, USA 26m; Public Record Office 25gol, 41gol; © US Army 27gol. NASA: Paul Riedel / Glenn Research Center (GRC) 5gor. National Cryptologic Museum, Maryland: 26ul, 69m. National Portrait Gallery, London: John De Critz, the Elder *Sir Francis Walsingham* 41gor. Nokia: 15ul, 16mro (Handy). PA Photos: Brien Aho / AP 21gor; Cameron Davidson / AP 21ul; Betsy Gagne / AP 21ur; Peter Jordan 69go; Metropolitan Police 58gor; Eckehard Schulz / AP 21gol. Peter Newark's American Pictures: 30gol, 30um, 31ul. Photolibrary: 44 (Hauptfoto). Popperfoto: 23gol, 31gor, 31ur, 35ul, 41ur, 58ml; Reuter / S. Jaffe 34ur; Reuter / W. McNamee 34m. Press Association: 36uml. Range: Bettmann / UPI 22ul, 50m, 54ur; Bettmann / UPI / Sam Schulman 50um. Rex Features Ltd.: 7ur; Action Press 38–39; Sipa-Press 39gol. Reuters Television: 42mr (Detailaufnahme). Ronald Grant Archive: *Stakeout* 1987, Touchstone 14ul, *Doctor No* 1962, UA / Eon 58gor, *The Ipcress File* 1965, Rank / Steven Lowndes 58gor, The Three Musketeers 1948, MGM 58ur, The Conversation 1974, Paramount / Francis Ford Coppola 61ul. Science Photo Library: Andrew Brookes / National Physical Laboratory 59mr; NRSC Ltd. 52m; R. Ressmeyer, Starlight 38um. Science & Society Picture Library, Science Museum, London: 26gol, 66go. Shutterstock: 57ul; Andrjuss 45m. Spy Games Ltd., www.spy-games.com: 69u. Topham-Picturepoint Ltd.: 10gol, 35mlo, 35m, 34gol, 34gor; AP 45gom. Werner Forman Archive: Ninja Museum Ueno, Detailaufnahme von einem Ninja, der Geheimzeichen macht 40ul; E. Strouhal 6ul. Jo Walton: 68go. Worldmap-Priroda: 52gol, 52ul. 15 123RF.com: cobalt ul. 16 123RF.com: cobalt mro/Smartphone. 44 123RF.com: Cathy Yeulet / stockbroker ur. 51 123RF.com: missisya gor.

Poster: *Vorn* (Kamera): 123RF.com: Piotr Adamowicz / simpson 33.

Cover: *Vorn*: 123RF.com: Piotr Adamowicz / simpson 33; *Hinten*: 123RF.com: Piotr Adamowicz / simpson33 ul; Dorling Kindersley: H Keith Melton Collection ml, Lorraine Electronics Surveillance gor.

Weitere Informationen unter www.dkimages.com

Teste dein Wissen mit memo Wissen entdecken Quiz

978-3-8310-2495-7

978-3-8310-3334-8

978-3-8310-3195-5

978-3-8310-3456-7

978-3-8310-3455-0

978-3-8310-2493-3

978-3-8310-2629-6

978-3-8310-2725-5

978-3-8310-3198-6

978-3-8310-3335-5

978-3-8310-2726-2

978-3-8310-2375-2

978-3-8310-3197-9

978-3-8310-2913-6

978-3-8310-3196-2

Jeweils 100 Seiten
Spiralblock mit Gummiband
Ab 8 Jahren
€ 6,95 [D] / € 7,20 [A]